AF206012

verblendet
verheizt
vertrieben

Nürnberger Zeitzeugen
zum Leben
im Dritten Reich

Zusammengetragen und herausgegeben
von Martin Gröner
Nürnberg 2019

Bibliografische Information der Deutschen Nationalbibliothek:
Die Deutsche Nationalbibliothek verzeichnet diese Publikation
in der Deutschen Nationalbibliografie; detaillierte bibliografische
Daten sind im Internet über http://dnb.dnb.de abrufbar.

(c) 2019 Martin Gröner
Herstellung und Verlag
BoD - Books on Demand, Norderstedt

ISBN: 978-3-7481-5091-6

Zum Entstehen dieser Sammlung.

Die Textsammlung zu diesem Buch begann ich während meines Wehrersatzdienstes beim Malteser-Hilfsdienst. Mitte der 1980er Jahre lieferte ich für diese Organisation eine Zeitlang die Mittagsessen für Senioren und Gebrechliche aus. Dabei brachte ich nicht nur das Mittagessen zu den Leuten, sondern legte es den älteren Herrschaften auch vor. Dies war eine Notwendigkeit und Teil meines Arbeitsauftrages, da viele der Betreuten die Verpackung nicht selbst öffneten und oft auch ganz zu essen vergaßen. Wie alle Kollegen blieb ich, bis meine Leutchen zu speisen begannen. „Essen auf Rädern" war jedoch nicht nur ein Teil der körperlichen Grundversorgung für die betagte „Kundschaft", sondern in vielen Fällen auch Tag für Tag der einzige soziale Kontakt dieser alten Menschen. Ob ihrer Alterseinsamkeit waren viele von ihnen entsprechend redselig, wenn man ein wenig Zeit mit ihnen verbrachte.

Das Thema, über das ungefragt am meisten geredet wurde, war die Zeit des Dritten Reichs. Bald bemerkte ich, dass die meisten Statements, so krude und unliterarisch sie auch sein mochten, den Menschen aus der Seele kamen. Manche brannten geradezu darauf, sich ganz persönlich zu bestimmten Themen zu erklären, und oft erschien es mir so, als ob ich als Zuhörer die Rolle eines Richters über die Aussagen der Erzählenden einnehmen sollte.

Mir war jedoch auch klar, dass mit dem Tod des jeweiligen Erzählers dessen private Version der Geschichte von 1933 bis 1945 unwiederbringlich verschwinden würde. Dieser Tod war oft näher, als ich ahnte. Des öfteren musste ich, statt Essen abzuliefern, eine Wohnungsöffnung veranlassen. Meist ahnte ich schon, was hinter der verschlossenen Türe vorzufinden war, wenn auf mein Läuten und Klopfen niemand öffnete.

Ähnlich erging es mir bei meinen Besuchen im Städtischen Altenheim. Nur ein einziges Mal unterhielt ich mich dort nach einem Besuch meiner Großmutter mit einem einsam auf dem Flur sitzenden älteren Herrn über dessen Zeit im Dritten Reich. Er erzählte mir voller Stolz und mit unbeirrbarem Glauben an die Richtigkeit seiner Geschichtsversionen. Vor allem aber war er höchst erfreut, dass ihm überhaupt zugehört wurde. Beim nächsten Besuch wollten mir schon drei weitere Pensionäre ihre Erinnerungen berichten und als meine Großmutter verstarb, hatte ich von über hundert Heimbewohnern die Erinnerungen und Erkenntnisse zu Machtübernahme, Diktatur und Krieg gehört.

Eine der betagten Herrschaften riet mir damals, doch die von ihr „Geständnisse" genannten Erzählungen in Kurzschrift zu Papier zu bringen, damit eines Tages die Nachwelt davon hören könne – so sie es denn hören wolle. Dies tat ich, ohne an eine Veröffentlichung zu denken, sondern einfach nur, um diese Berichte über das Ableben der Aussagenden hinaus zu bewahren.

Eines haben all diese Statements jedoch gemeinsam, so unterschiedlich sie in Grundtenor und Intention auch sein mögen: Sie stellen eine höchst subjektive Sicht auf

4

die Zeit des Dritten Reiches dar. Da werden in den Erinnerungen der Erzählenden Fakten durcheinander geworfen, da werden Dinge grob vereinfacht und pauschalisiert, da wird verharmlost und schöngeredet. Selbst schlimmste Vorgänge sollen ein ums andere Mal mit persönlichen Humorgeschichtchen kleingeschmunzelt werden. Nicht zuletzt jedoch belügt man dabei andere und vor allem sich selbst.

Ich sehe dieses Verhalten eher als Beleg für eine lange, wieder und wieder mit sich selbst ausgemachte und abgeglichene emotionale Überlebensstrategie der Befragten. Mit den jeweils dargebotenen, persönlichen Varianten der Vergangenheitsbewältigung hatte man sich mit dem Unvorstellbaren nach dessen schlimmem Ende arrangiert. Damit konnte man zumindest überleben, in manchen Fällen auch gut weiterleben.

Das Spektrum der Berichte reicht dabei von schulterzuckender Apologetik bis zum kindlichen Trotz der Unbelehrbaren, von kaum versteckter politischer Überzeugung bis zu psychisch belastetem Selbstzerwürfnis.

Es lag und liegt mir fern, die von den Erzählenden an ihrem Lebensende getroffenen Aussagen und Behauptungen zu bewerten. Mir fehlen Kenntnisse, Voraussetzungen und Vorbildung, um diese alten Menschen und deren Aussagen beurteilen zu können.

Keine der Personen, die in diesem Buch zu Wort kommt, ist noch am Leben.

Martin Gröner

1.

„Manchen hat es gut getan, auch einmal zu hungern."

Hilde K., Jahrgang 1912, Nürnberg.

Bei uns daheim waren am Anfang alle skeptisch wegen dem Hitler. Mein Vater hat gesagt, man soll sich nicht so viele Gedanken um den Hitler machen, der ist bestimmt gleich wieder weg. Weil solche verrückten Ideen, wie der sie hatte, damit wird er in Deutschland eh nichts. Aber dann ist er doch drangeblieben *(sc. an der Macht)* und zu anfangs, muss ich sagen, da ist schon alles erst einmal besser geworden. Für die normalen Deutschen. Für uns.

Mein Vater hat wieder Arbeit gekriegt, bei der Stadt. Der war ja eigentlich Buchhalter, aber mit dem Aufkommen der Wirtschaftskrise gab es keine Arbeit für ihn.

Uns ist es schon ziemlich gut gegangen. Jeden Abend Punkt Fünf war ein warmes Essen auf dem Tisch. Das hört sich heutzutage nicht mehr nach viel an, aber für uns damals war das wirklich viel. Sonntags gab's jetzt einen Sonntagsbraten. Meine Schwester und ich hatten immer gute Kleider, da waren wir schon dankbar.

Meine Mutter hat unsere Wohnung immer ganz sauber gehalten. Da sind die Leute zu uns gekommen und haben gestaunt, wie sauber alles ist, und dann hat die Mutter gesagt: „Das ist die neue Zeit, da gilt Sauberkeit wieder etwas." Meine Mutter hat Tag um Tag so aufge-

7

räumt, als ob der Führer uns jeden Moment besuchen kommt. Aber der kam natürlich nicht, dafür kam dann der Krieg.

Eigentlich war der Krieg ja nicht bei uns; der war weit weg. In Frankreich, in Polen und in Russland, irgendwo in der Weltgeschichte. Der Krieg war erst ganz am Schluss bei uns.

Am Krieg hat mich der ständige Luftalarm gestört. Die Amis sind gekommen, als bei uns in Deutschland eigentlich alle Feierabend machen wollten. Das war so typisch. Man konnte ja bald jahrelang nicht durchschlafen wegen dem ständigen Fliegeralarm. Aufstehen, runter in den Keller, warten, dann macht es dreimal „bumm", dann die Entwarnung und wieder rauf und ab ins Bett. Noch ärgerlicher war aber ein Fehlalarm. Da ist man dann für nichts und wieder nichts wach geblieben. Aber wir hatten bei den Luftangriffen immer Glück. Meine Schwester hat dann immer gesagt: „Das nächste Mal, wenn die Ami kommen, bleib ich gleich in der Wohnung. Die Deppen treffen mich eh nicht."

Unsere Wohnung hat es erst im Januar 1945 erwischt. Volltreffer. Aber wir waren alle im Bunker. Auch meine Schwester. Der Vati hat sie mit in den Keller gezerrt, da gab es kein „Nein". Uns haben die Amis nicht erwischt. Nicht uns. „Nichts getroffen – Schnaps gesoffen!" sage ich immer, gell!? Aber da war uns allen klar, dass wir das alle nicht mehr lange durchhalten und, naja, dass es halt mit dem Endsieg doch nichts wird. *(Sc. Lacht)*.

8

Aber zu sagen hat sich das keiner getraut, weil im Radio kam ja immer noch etwas anderes. Die Wunderwaffe, der Endsieg – manche Leute haben das ja bis zuletzt geglaubt. Jeder sollte seinen Beitrag leisten zum Endsieg. Die Rationierung *(sc. von Lebensmitteln)* zum Beispiel hat mir nichts ausgemacht – ich war von Natur her schon immer schlank. Und manchen hat es gut getan, auch einmal zu hungern. Vor dem Krieg gab es schon fette Leute, nach dem Krieg nicht mehr.

Wie dann alles vorbei war, haben wir wieder von vorne angefangen. Mein Vater war ja immer noch bei der Stadt. Er hat uns ein Haus gebaut, draußen in Ziegelstein, bevor er gestorben ist.

Freilich war der Hitler daran schuld, dass wir den Krieg verloren haben. Er hat ihn ja angefangen. Ohne Krieg wären wir wohl alle besser dran gewesen.

2.
„Wenn man sich nicht wehrt, dann fliegt man von dieser Weltkugel runter."
Guntram B., Jahrgang 1918, Berlin.

Ich erzähl' dir mal, wie das wirklich war, Junge. Ich sag' dir ein Beispiel, damit du das verstehst.

Du musst dir vorstellen: Die Erde, diese kleine Kugel mitten im Weltall, die hat nicht endlos Platz. Aber die Völker auf der Erde, die werden immer mehr.

Immer mehr Menschen. Und die Wilden, also in Afrika und Asien, die noch auf Bäumen leben, die vermehren sich wie die Karnickel. Und wie das halt so ist, irgendwann sagt der eine „das ist mein Platz" und der andere sagt „nein, das ist meiner". Und wenn man sich da nicht augenblicklich wehrt, dann fliegt man sozusagen von der Weltkugel runter.

Genauso war das damals halt in der Nazizeit, nur dass man das heute nicht mehr sagen darf: Wir Deutsche brauchten Platz, weil wir viele sind und stark. Und um uns herum gab es Platz, aber die anderen, die Schwachen, diese Länder wollten nicht, dass wir den Platz kriegen. Und was soll da die deutsche Regierung machen?

Da gibt es Land, da kann ich Essen anbauen für alle Deutschen, so dass keiner mehr Hunger leidet. Und da ist in diesem Land weit und breit kein Mensch zu sehen. Ab und zu ein paar Holzhütten, sonst nichts. Aber dann sitzt da der Russe drauf und macht nichts damit. Säuft den ganzen Tag Kartoffelschnaps und schaut dumm.

Da musst du nicht grinsen, das ist wirklich so gewesen. Was würdest du denn machen, wenn du das Oberhaupt des Staates bist und bei dir daheim die Leute hungern? Irgendwann ist dann der Punkt erreicht, wo man sagt: Es geht nicht anders. Entweder die oder wir. Entweder es klappt oder wir gehen alle vor die Hunde.

Was soll ich sagen, wir Deutschen mussten es eben probieren und wir haben es probiert. Wir alle haben alles dafür gegeben, aber wir haben's nicht geschafft. Wir hatten aus dem Dolchstoß anno '18 gelernt und die Heimatfront im Griff. Wir hatten uns vorbereitet. Wir hatten die *(sc. die Gegner des Dritten Reiches)* fast schon im Schwitzkasten, doch dann haben sich alle anderen gleichzeitig gegen uns verbündet und wir sind untergegangen.

Natürlich ist das nicht schön, aber Angriff war in der Lage, in der die Deutschen sich befanden, der einzige Ausweg. Das wird man uns noch lange vorwerfen, vor allem im ach so befreundeten Ausland. Aber insgeheim wissen die ganzen Länder und hohen Nationen, dass wir gar nicht anders hätten handeln können. Hätten wir unsere Leute verhungern lassen sollen wie die Kommunisten? Ich bitte dich! Das wäre doch auch nicht human. Als Sieger lässt es sich leicht über den Unterlegenen urteilen, aber ich weiß, es ging leider nicht anders.

3.
„Die Leute vergessen das, was war, damit Platz für ihr eigenes Bild in ihrem kleinen Kopf ist."
Friederike von D., Jahrgang 1915, Ostpreußen.

Ich erinnere mich an vieles nicht mehr. Aber ich will mal für dich in meinem Oberstübchen kramen, was mir noch so an Erinnerung geblieben ist. Du bist ja ein richtig guter deutscher Junge, mit deinen blonden Haaren.

Erinnerung ist ja das einzige, was uns Ostpreußen die Russen noch gelassen haben. Dabei sind die Erinnerungen auch oft ganz schlimm.

Wir waren damals noch sehr glücklich auf unserem Gut in Ostpreußen. Es war schon lange in der Familie, dieses eigene Stück Paradies. Obst, etwas Viehzeug, was man halt so damals hatte um auszukommen. Ich wuchs mit meinen Eltern und meinen fünf Geschwistern auf. Ein stattliches Haus, viel Land, Stallungen etwas abseits, nicht nah dran wie bei den einfacheren Leuten. Wir waren schließlich keine Bauern. Wir hatten viele Mägde und Knechte, viele Tiere. Vor allem die Pferde waren meine Lieblinge. Da gab es endlose Alleen, das Korn auf den Feldern wiegte sich im Wind. Der Obstgarten war mein liebster Platz. Im Sommer stand dort ein alter Tisch mit Körben darauf, in die kam das Fallobst. Daraus haben wir heimlich Schnaps gemacht. Das kann man sich heute gar nicht mehr vorstellen.

Als die Wehrmacht an uns vorbeigezogen ist nach Osten, hat meine Mutter gerufen: „Kommt bald wieder heim!" Wir Kinder haben ihnen von der Brücke Blumen auf die Wagen geworfen. Von uns hat jeder an den Sieg geglaubt. Jeder. Wirklich jeder. Und alle haben sich getäuscht, das haben wir bald gemerkt.

Als die Russen ankamen, haben wir ihnen einen Knecht entgegengeschickt. Der konnte Polnisch und ein bisschen Russisch. Mit einem großen Bettlaken als weiße Fahne. Die Mutter hatte ihm ganz genau gesagt, was er sagen soll: „Hier sind keine Soldaten, nur Frauen und Kinder." Er ging den Weg runter und schwenkte die Fahne. Vielleicht konnte er die Russen schon sehen, aber wir konnten es nicht.

Wir waren alle ordentlich angezogen und saßen im Salon. Bereit für das, was die Russen mit uns vorhatten, dachten wir. Aber wir hatten ja keine Ahnung, was da nun kommt. Die Hitlerbilder hatte jemand schon in der Mistgrube verschwinden lassen. Es hat nichts genutzt.

Als wir unseren Knecht fast nicht mehr sehen konnten, ist er einfach umgefallen und liegengeblieben. Die Erwachsenen haben geschrieen und geweint und uns Kinder haben sie im Kohlenkeller versteckt. Kurz darauf waren die Russen da. Sie sind über die älteren Frauen hergefallen wie die Tiere und dann haben sie uns gefunden, im Kohlenkeller, und auch vergewaltigt.

Irgendwann haben die von uns abgelassen und niemand hat geredet. Das kam mir vor wie eine Ewigkeit, so endlos lang. Ich war völlig leer, ich habe mich selbst nicht mehr gespürt, als ob ich mich aus meiner Hülle gelöst hätte. Die Stille, die da vorherrschte, die war schlimmer als jeder Schrei davor. Am Abend haben die Russen gesagt „dawai!". Dann mussten wir von zuhause fortgehen.

Wir sind an unserem Knecht vorbeigelaufen. Der lag da in seiner schwarzen Pfütze mit dem Gesicht nach unten, die weiße Fahne noch in der Hand. Dann ist meine Mutter niedergekniet und ich dachte, sie betet. Aber sie hat nur das Bettlaken vom Stock gebunden und mitgenommen. Es gehörte ja uns und nicht dem Knecht.

Wir waren lange unterwegs. Mal zu Fuß, mal mitgenommen auf einem Laster, mal mit der Bahn, wenn überhaupt noch Züge fuhren. Und so sind wir immer weiter rein ins Reich und überall das gleiche Bild: nur Elend, Flucht und Tod.

Weißt du, ich erzähl dir das, weil hier im Sebastianspital *(sc. Nürnberger Altersheim)* werden dir viele etwas anderes erzählen. Die Männer sind immer Helden, wenn die erzählen, und die Frauen, die haben von nichts gewusst. So reden die alten Leute miteinander über den Krieg. Aber die machen sich nur etwas vor und wollen die anderen beeindrucken.

Dafür lügen sie sich gerne gegenseitig an. Die Leute vergessen das, was war, damit Platz für eigenes Bild in ihrem kleinen Kopf ist. Sie haben gelernt, mit ihren Lügen zu leben. Ich brauche das nicht. Ich bin ja als Ostpreußin sowieso eine Außenseiterin hier im Heim und ich habe auch nicht die Absicht, mich liebkind zu machen bei den anderen.

4.

„Und sei es nur, dass man weniger Nachteile hat als der Nachbar."
Heidelinde T., Jahrgang 1909, Nürnberg.

Man stellt sich das so vor: Damals war damals und heute ist heute. Dazwischen ist dann bei den meisten Leu-

14

ten einfach nichts. Leere Zeit. Als ob da nichts passiert ist. Das ist doch Unsinn! Das mit dem Dritten Reich sehen viele genauso, das glauben viele. Hokuspokus: Heute Reich, morgen weg. Als ob ein Zauberer ein Tuch drüberlegt. Wahnsinn! Das ist doch komplett falsch! Das Dritte Reich kam nicht aus dem Nichts und ist auch nicht einfach 1945 verschwunden. Ganz bestimmt nicht.

Das kam über die Deutschen, weil die kleinen Leute nur allzu gerne den Versprechungen von Hitler und seinen Verbrechern – ja, ich sage ganz bewusst „Verbrecher", denn das waren welche – geglaubt haben. Vor allem, wenn es um Arbeit geht, um Geld und darum, wer zu viel hat und wer zu wenig. Wenn es was zu holen gibt, da sind die Menschen gleich da. Da ist den Menschen dann alles egal. Da laufen sie mit und schreien mit und sind dafür. Hauptsache, es bringt etwas: einen Vorteil. Und sei es nur, dass man weniger Nachteile hat als der Nachbar. Das reicht vielen sogenannten Nachbarn schon als Vorteil ...

Das waren zu Anfang bei Hitler ja gar nicht so viele, die wirklich für ihn waren. Der hatte gar nicht so viele Stimmen bekommen, hatte ja eigentlich keine Mehrheit. Die meisten haben erst einmal abgewartet, ob er wohl Erfolg hat mit seiner Judenhetze, mit seinem Hass auf die Sozis und auf uns *(sc. Kommunisten)*. Und sobald dem Hitler und seiner braunen Brut der politische Sieg nicht mehr zu nehmen war, da kamen sie alle angerannt, die ach so ehrbaren Bürger: „Wir waren auch schon immer für euch." „Wir denken genauso wie ihr Nazis."

15

„Wir wollen auch in die Partei." Das nannte man damals „Märzgefallene", weil die im März nach der Machtergreifung durch die Nazis plötzlich umgekippt sind und in die NSDAP eintreten wollten. Da waren auch viele Sozis dabei, die nur mit der Zeit gingen. Einfach widerlich.

Ein paar Jahre waren die dann die Herren im Haus. Mein Mann, der Karl, den haben sie zwei Jahre lang in Dachau kaputtgemacht, und ich bin mir die Hacken blutig gelaufen mit Eingaben und Bittgesuchen an die Machthaber im Staate. Ich tat alles, damit er wieder rauskommt, damit ich meinen armen Mann überhaupt wiederkriege.

Er hatte nichts getan. Er war Parteimitglied bei den Kommunisten. Das hat gereicht. Und als mein Karl wieder heim kam, hat er kein Wort mehr geredet. Kein einziges Wort. Er hat nur gestarrt, egal, wo er war.

Wie Luftangriff war, haben uns die guten deutschen Nachbarn nicht in den Bunker gelassen, weil wir das falsche Parteibuch hatten, und bei den Rationen hieß es „leider schon aus", wenn wir an der Reihe waren; egal, ob wir Marken hatten oder nicht. Die Volksgemeinschaft machte da einen Unterschied zwischen den Nützlichen, den treuen Parteigängern und stummen Mitläufern und uns „Volksschädlingen". So hat man uns damals bezeichnet. Vom Amts wegen!

Als der Krieg vorbei war, da kamen die ganzen Speichellecker und Flintenweiber aus der Nachbarschaft zu uns: „Gell, wir waren doch immer nett zu Ihnen?" „Gell, Frau T., sie sagen doch beim Ami nichts Schlechtes über uns?" „Es ging doch nicht anders, wir mussten ja mitmachen. Wir wollten Ihnen doch nichts Böses."

Ich hab sie alle hingehängt, die ganze Bande. Ich hatte mir das all die ganzen schrecklichen Jahre hindurch aufgeschrieben, seit 1938, und dann dem amerikanischen Offizier bei der Befragung mitgebracht. Der hat Augen gemacht. Ich denke, die Ami haben das sehr wohl gelesen, denn die haben da gleich ein paar der Nachbarn reinzitiert. Zum Rapport. Dann kurz darauf haben uns die Nachbarn „Verräter" an unsere Hauswand geschmiert und ich bin in der Straße angespuckt worden. Übrigens von den gleichen Leuten, die gerade erst gesagt hatten, dass sie uns doch zu Adolf Nazis Zeiten nie Schlechtes wollten.

Ich hab letztes Jahr noch einen hier im Heim gehabt, der hat damit rumgeprahlt, wie viele Juden er ermordet hat. In der Ukraine. Bei jedem Fasching hat er sich in seine alte Uniform geworfen und das Tanzbein geschwungen. Die dummen alten Weiber sind ihm nachgestiegen. „Uniform zieht immer", hat er immer geprahlt, der scheußliche Herr G..

Den Damen hat er sie beim Tanzen erzählt, seine Untaten. Ganz genüsslich. Ich hatte das mal der Leitung gemeldet, aber die meinten nur „Ach der G., der ist doch senil; dem dürfen Sie das nicht glauben." Die wollten bloß kein Theater.

Und der G. war nach dem Krieg beim Finanzamt. Der wurde nie zur Rechenschaft gezogen. Man muss dadrüber reden, sonst wird's noch viel schneller vergessen. Und man muss deutlich sagen: Diese „gute alte Zeit" war eigentlich scheiße.

5.
„Jetzt wanderst du; sei froh,
dann wird wenigstens nicht geschossen."
Adolf G., Jahrgang 1902, Bayreuth.

Bevor das Dritte Reich kam, sind wir viel gewandert. Wir waren alle echte Wandervögel *(sc. in der Jugendbewegung ‚Wandervogel')*. Jedes Wochenende, und wenn unsere Alma Mater *(sc. die Universität)* zu hatte, ging's immer gerne raus an die frische Luft. Das hält die Gefäße gesund. Das war eine fröhliche Runde; jawohl, das waren wir. Da sind immer welche dabei gewesen, die gesungen

18

haben und die viel Jux gemacht haben. Man ist nie alleine gelaufen, das war echte Kameradschaft, wie es sie ja auch bei den Bergsteigern gibt. Das Fernweh war der kleinste Nenner. Da gab es keine Debatte, keine andere Meinung, da wurde gewandert statt debattiert. Da wusste ich: Hier bin ich richtig.

Das haben die Nazis dann genutzt und gesagt: „Es hat sich ausgevogelt. Wer wandern will, der kommt jetzt mit uns." Was soll ich sagen: Es war auch nicht anderes. Besser organisiert, das wohl. Die hatten gute Verbindungen, das waren tolle Wanderungen und Touren.

Später hat mir das viele Wandern im Krieg genutzt. Ich konnte große Strecken mit Gepäck marschieren, ohne gleich umzufallen wie manch anderer. Ich hab immer gesagt: „Jetzt wanderst du; sei froh, dann wird wenigstens nicht geschossen."

So kamen wir durch Rumänien und waren ja sogar bis auf der Krim. Natürlich nicht alles zu Fuß, aber eben weite Strecken. Hin und zurück. Auf Schusters Rappen. Das glaubt einem heute keiner mehr, das ist schon eine besondere Leistung. Aber dafür gab's keinen Orden, wie z.B. am Volkswandertag.

Nach dem Krieg habe ich eigentlich jedes Jahr mein Wanderabzeichen gemacht. Wir waren sogar schon einmal in Südtirol zum Wandern. Das liegt ja inzwischen in Italien. Die Wanderorden habe ich noch hier im Heim in meinem Schrank. Die sind Zeichen einer gesunden Gesinnung. Immer vorwärts, ich schaue nicht zurück. Ich bin für meine Wanderorden bekannt, aber das sind hier im Heim ehrliche Leute. Da kommt nichts weg. Es waren sehr wechselvolle Zeiten und das Wandern hat mir sehr viel Halt gegeben.

6.
„Es hat sich im Radio ja auch immer so angehört, als ob wir von Sieg zu Sieg eilen."
Karla K., Jahrgang 1900, Nürnberger Land.

Die ganze Politik, dafür hat sich auf dem Land bei uns keiner interessiert. Das war nichts für uns. Bei uns gab's keine Fabriken, wo die Leute gestreikt haben, oder Bettler auf den Straßen, denen man helfen soll. Elend war für uns eigentlich immer woanders.

Wir waren doch auf dem Land. Da hatte ein jeder seinen Platz im Leben. Man hat halt gehört, dass jetzt der Hitler das Sagen hat, aber ganz ehrlich: Man hat mit der Schulter gezuckt und hat weitergemacht.

Genau wie bei den Wahlen zuvor. „Was soll sich schon groß ändern?", haben wir gedacht. Die große Politik, das war doch weit weg für uns. Das hat sich hauptsächlich in Berlin abgespielt, aber doch nicht bei uns auf dem Land!

Viel nachgedacht wurde damals wirklich nicht. Weil vom vielen Nachdenken, da wird man nicht satt. „Das Feld muss bestellt werden, egal wer an der Regierung ist", hat mein Vater gesagt, „der Hitler kommt nämlich

20

nicht bei uns vorbei und fährt die Ernte ein. Das müssen wir schon selber machen."

Was das dann für ein neues Deutsches Reich ist, haben alle im Dorf wohl erst bemerkt, als sich die Reservisten melden mussten. Das müsste im Sommer 1939 gewesen sein. Das war mitten in der Ernte und dann mussten die Frauen und die Kinder ran und das Korn einholen. Und dreschen. Das war wirklich keine leichte Arbeit. Das war eine Arbeit für ganze Kerle, aber die Männer waren ja auf einmal weg.

Da hast du nicht gewusst, ob das noch deine Hände sind, so müde warst du da am Abend. Das ist halt das Los der Bauern. Harte Arbeit, karger Lohn. Aber am Land, da halten alle zusammen, da ist man das gewöhnt. Man schafft und man schafft es. Das ist schon immer so gewesen.

Der Krieg, den haben wir erst durch den Volksempfänger gehört. Das war einfach nur ein paar Siegesmeldungen. Die deutschen Truppen, die eilten von hier nach da und so weiter, und immer haben wir gewonnen.

Die Hanni, die hat ja '14/'18 ihren Schorsch verloren, die hat schon gleich von Anfang an geunkt, dass sie ihre Männer nicht mehr wiedersehen wird. Da hat ihr die Greti vom alten Hof draußen vor dem Dorf eine gelangt, weil, so wird nicht auf dem Dorf bei uns geredet.

Doch die Hanni, die hatte Recht. Ziemlich bald kam dann die erste Meldung, dass einer aus dem Dorf gefallen ist. Der Hannes war das, vom großen Hof am Ortseingang. Der ist auf dem Weg nach Polen umgekommen. Polnische Banditen, keine regulären Streitkräfte, denn mit denen waren wir ja schnell fertig geworden. Nein, Zivilisten, die sich feige mit Überfällen hervortaten. Es hat ihnen nichts genutzt.

Das war für alle ein Schock. Die haben ja gedacht, es wird doch hoffentlich bald wieder vorbei sein mit dem Krieg. Sonst kommen ja noch mehr von den Kerlen um. Da haben es alle mit der Angst zu tun bekommen. Es hat sich im Radio ja auch immer so angehört, als ob wir von Sieg zu Sieg eilen. Da kann doch keiner einfach so sterben! Derjenige, der gefallen ist, war dann aber beileibe nicht der einzige – das ging dann ganz fix. Da kam bald jede Woche eine schlimme Meldung.

Mehr als die Hälfte der Männer aus dem Dorf sind im Krieg geblieben. Das sagt man so, als ob die da draußen immer noch in einem Schützengraben kauern und auf den Feind warten. Man redet sich die Wahrheit halt schön, weil die Wahrheit ist nicht auszuhalten, wenn man das nicht macht.

Das waren ordentliche Leute, die Gefallenen und Vermissten. Das waren brave Leute. Die hatten sich nie ausgemalt, dass sie mal irgendwo in Russland oder am Atlantik ihren Mann stehen müssen. Von denen hat keiner gedacht, dass er einmal losziehen wird in den Krieg und auf andere schießen wird.

Wenn mir einer gesagt hätte, die vom Hof da vorne, deren Vater, den werden sie nach Russland schicken damit er auf die Russen schießt, und dann kommt er nicht wieder, das hätte kein Mensch geglaubt! Die hätten Sie für verrückt erklärt. Aber genau so ist es gekommen.

Ich war da zu der Zeit aber schon selber in Frankreich und hab darauf aufgepasst, dass die Franzosen nicht alle Eisenbahngleise kaputt machen. Da habe ich dann meine Hand verloren. *(Zeigt auf den Lederhandschuh über seiner rechten Hand)*. Wegen einer Handgranate. Ich hab gedacht, ich bring die noch weg, bevor sie hochgeht. Denkste! Boummmm! Aber immerhin bin ich noch nach Hause gekommen, das kann so manch einer leider nicht von sich sagen.

Stell dir das einmal vor: Alles, was ich im Leben wollte, war, meinen Acker bestellen, ein bisschen Schnaps brennen, mit meiner Alten tanzen gehen und ein paar Kinder zeugen. Ich sag dir eins: Das war eigentlich das, was jeder wollte. Deshalb verstehe ich bis heute nicht, was wir in Russland zu suchen hatten.

7.
„Wir wussten doch längst,
dass es nichts mehr zu holen gab."
Gisela B., Jahrgang 1905, Röhn.

Wir haben gewusst: Jetzt ist der Krieg vorbei. Der Heiner war von der Straße oben heruntergerannt gekommen, weil er die Amerikaner oben vom oberen Stadtrand aus schon gesehen hatte. Am Waldrand, drei Kilometer weg. Panzer und alles drum und dran. Es waren viele, das hat das Heinerle gesagt, und dem haben wir es auch geglaubt, weil der in seiner Klasse der Beste im Rechnen war. Der ist später Kaufmann geworden.

Das sah nicht gut aus für uns. Wir hatten doch schon die Nase voll vom Krieg, wir wussten doch längst, dass es nichts mehr zu holen gab. Wir hatten ja auch gar keine Lust mehr, uns zu wehren; auch wenn der Volksempfänger immer ausspuckte, dass wir durchhalten sollten. Wir haben die Durchhalteparolen schon lange nicht mehr geglaubt, nicht erst seit die Amerikaner schon in Sichtweite waren. Wir haben doch nur gewartet und gehofft, dass alles endlich vorbei ist.

Die Amerikaner standen also schon vor unserem Städtchen am Berg oben und wir haben gewusst, dass wir nicht kapitulieren dürfen. Das Kapitulieren war nämlich verboten. Das war ein Verbrechen, Frieden zu wollen. Dafür konnte man sogar echtig *(sc. tatsächlich)* erschossen werden. Sozusagen ein Kapitalverbrechen. Verstehen Sie? „Kapitulieren" und „Kapitalverbrechen", das hört sich ähnlich an.

Aber der Herr Bürgermeister hat gesagt, jetzt ist Schluss mit dem ganzen Mist, wenn wir jetzt Widerstand machen, dann ist das wirklich der Untergang für uns hier. Jetzt wird kapituliert und basta! Wir müssen die weißen Fahnen für die Amerikaner herausholen, sonst schießen die Amis uns noch die ganze Stadt kaputt. Der Bürgermeister, der hatte nicht nur Verstand, sondern auch Weitblick, sagt man. Der hatte auch noch etwas Mut. Er ist ihnen mit der weißen Fahne entgegen gegangen. Das hat der wirklich gemacht. Er hat gar nicht in die Runde gefragt, wer den Amerikanern entgegen gehen würde, der ist einfach selber gegangen. Da haben wir alle schwer geschluckt. Das muss man ihm hoch anrechnen. Hätte nämlich auch schlimm enden können für ihn. Beide Seiten, die Army und die Wehrmacht hätten ihn abknallen können, die Amerikaner von vorne und die Wehrmacht von hinten. Auch für uns hätte das ins Auge gehen können, da mag ich heute noch nicht daran denken.

Aber bevor er den Amis klarmachen konnte, dass wir hier mit dem Hitler fertig sind, musste er sich noch mit dem Anton B. herumärgern. Der Depp hatte beschlossen, dass die Amerikaner aufgehalten werden müssen und dass bei uns gekämpft werden soll. Der war nicht sehr schlau. Der hat immer wieder gesagt: „Führerbefehl wird ausgeführt, basta!" Das war der Ein-Mann-Volkssturm.

Da hat der Bürgermeister, bevor er mit der weißen Fahne loszog, auch noch dem Anton B. das Gewehr abgenommen, damit der ihm nicht am Ende noch in den Rücken schießt, weil der war schon einer, dem man das zugetraut hätte. Ein richtiger Befehlsempfänger war das. Linientreu bis zur letzten Flasche Obstler. Und dann hat er ihn gefragt, ob er jetzt den Krieg wohl alleine gewinnen will, der Anton. Dann hat der Bürgermeister dem Anton eine Flasche Obstler gegeben und gesagt, er darf hier hinter dem Schreibtisch im Bürgermeisteramt sitzen bleiben, den Schnaps trinken und aufpassen, dass nichts wegkommt. Einer muss ja die Stellung halten. Deshalb ernennt der Herr Bürgermeister ihn mit sofortiger Wirkung zu seinem Stellvertreter. Das hat dem Anton ziemlich Eindruck gemacht, denn der war wirklich nicht der hellste. Der Anton hat also „jawoll!" gerufen und sich hingesetzt an den Schreibtisch und den Schnaps aufgemacht.

Der Bürgermeister ist dann aus dem Ort raus den Berg hoch gegangen, ganz langsam und vorsichtig, und aus allen Kellerfenstern und hinter den Gardinen haben die Leute rausgeschaut und gehofft und gebibbert, dass das gut geht. Der war ein sehr geachteter Mann.

Wir haben ihm nachgeschaut, die Straße ist er hinaufgegangen und die Mutter hat neben mir einen Rosenkranz nach dem anderen gebetet und der Vater war ganz blass am Küchentisch gesessen und hat gefragt: „Wie weit ist er jetzt schon?" Ich habe ihm immer gesagt, wo er ist: „Beim Bäcker ... am Karl vorbei ... beim Sägewerk ... bei der Scheune ... bei der Linde ... fast am Hügel." Und dann war er über der Kuppe oben am Stadtrand verschwunden. Wir haben alle die Luft angehalten. Es dauerte eine Zeitlang, aber es fiel kein Schuss.

Auf einmal kamen die Amerikaner. Man hat sie schon gehört, bevor man sie gesehen hat. Das Brummen der Panzer und der LKW. Vorneweg ein Jeep. Dahinter Panzer und Soldaten. Im Jeep saß neben dem Fahrer ein Offizier, der hat alles mit dem Fernglas genau angesehen, und auf der Kühlerhaube saß der Bürgermeister mit der Fahne.

So kamen sie ganz vorsichtig und langsam die Straße runter. Wenn die Wehrmacht geschossen hätte, dann hätten sie den Bürgermeister erwischt. Ich finde das noch heute sehr, sehr mutig vom Bürgermeister, aber auch vom Offizier. Im Schritttempo. Gewehre im Anschlag. Erst war keine Seele auf der Straße, aber dann kamen die Herrschaften doch vorsichtig aus ihren Häusern heraus und die Menschen standen an ihren Haustüren und haben geschaut. Alle hatten die Hände oben, aber neugierig waren sie doch, wer da in ihr Städtchen einrückt.

Niemand hat etwas gesagt, nur die Neger haben ihre großen weißen Zähne gezeigt. Da hatten alle Angst davor, weil jeder wusste, dass die die Frauen schänden und die Kinder fressen werden. Das hat man uns ein um's andere Mal von oben eingeredet. Wirklich wahr! Das haben die Nazis immer wieder gesagt! Bei den Russen hat das vielleicht gestimmt, weil denen alles zuzutrauen war, aber die Amerikaner waren echte Tschentelmän. *(Sc. spricht gentleman unnachahmlich deutsch aus)*. Doch einige Kinder sind schnell wieder im Haus verschwunden. Wir wussten ja nicht, was uns jetzt erwartete.

Die Amerikaner sind bis zum Rathaus gefahren und am Platz davor stehen geblieben. Mitten auf dem Marktplatz, auf dem es schon drei Jahre keinen Markt mehr gegeben hat, weil ja fast alles auf dem Schwarzmarkt verhökert wurde, und der Rest wurde ja von der

Regierung eingezogen, weil alles für die Wehrmacht gebraucht wurde. Der Endsieg kommt ja nicht von alleine.

Auf einmal flog vom Rathaus die Türe auf und der Anton B. ist sturzbesoffen rausgekommen, mit der Bürgermeister-Kette um den Hals und der Flasche Schnaps in der Hand. Er hat die total verdutzten Amerikaner mit „Heil Hitler" begrüßt und ist dann die Freitreppe kopfüber runtergefallen und liegen geblieben. Erst war es totenstill am ganzen Marktplatz. Dann haben alle gelacht, die Amis zuerst, dann die Deutschen auch und der Krieg war bei uns vorbei. Der ganze Ort hat Jahre später immer noch drüber gelacht. Nur der Anton B. hat immer so getan, als ob das nur böser Tratsch wäre.

8.
„Nur die Meckerer und die Faulenzer und die Gauner, die hatten es schwer beim Hitler."
Herrmann G., Jahrgang 1906, Nürnberg.

Heutzutage wird ja alles bloß schlecht geredet. Aber keiner erinnert auch einmal daran, dass Deutschland damals ein sicheres Land war. Ich frage sie: Warum ist das so? Warum darf man nicht auch einmal sagen, was einem gefallen hat? Ist eine schlimme Zeit nur schlimm? Wer verbietet es mir, auch einmal die guten Dinge einer schlechten Zeit zu nennen? Das gehört zu einer fairen Geschichtsschreibung dazu. Ode?

Damals, das musst du wissen, da gab es keinen Straßenraub. Keinen Mord und keine Unzucht, so wie heute. Da herrschte endlich ein einziges Mal Ordnung in Deutschland. Ein einziges verdammtes Mal. Da wurde nicht von den Roten alles kaputt gestreikt, da wurde nicht in den Tanzsälen herumgehurt. Das gab es da einfach nicht.

Damals hieß „verboten" noch „verboten" und nicht „erlaubt, solange keiner es sieht". Davon können wir Deutschen heute nur noch träumen. Heutzutage gibt es einen Jazzclub an jeder Ecke. Da werden die guten deutschen Mädchen reingelockt und schwanger kommen sie wieder raus. Und süchtig, weil man ihnen Hasch zu essen gegeben hat. Der Amerikaner will uns vernichten. Ganz langsam. Es genügt ihm nicht, uns Deutsche geschlagen zu haben, nein, auf lange Sicht will er uns ganz vom Angesicht der Erde tilgen.

Genau desterwegen haben wir heutzutage im schönen Deutschland solche Zustände.! Das wäre beim Adolf damals undenkbar gewesen. Swing tanzen verboten! Wenn du verstehst, was ich meine. Wenn ich heute die Mischlingskinder ansehe, weißt Du, was ich dann fühle? Trauer. Tiefe Trauer, denn mit unserem deutschen Volk, da geht es dahin. Einmal Mischlingsblut, brauchen sie mindestens acht saubere Generationen, um das schlechte Erbgut halbwegs wieder los zu werden! Das ist wissenschaftlich erwiesen, da brauchen wir nicht darüber weiterzureden: Das hat nichts mit Nazi zu tun, das ist die reine Mendel'sche Erblehre, das ist Wissenschaft, nicht etwa Nazi-Propaganda.

Die Ordnung sollte jedoch unser höchstes Gut sein. Alles in der Natur strebt nach Organisation und Ordnung. Selbst im Ameisenhauf ist eine Ordnung. Nur mit Ordnung geht es voran, sonst zieht uns das Chaos in seinen Strudel und wir werden unweigerlich untergehen. Auch als Volk. Ich will gar nicht sagen, dass die Ordnung nicht ihren Preis hat, das will ich ja gar nicht bestreiten. Ordnung gibt es nicht umsonst. Natürlich nicht. Wenn man Ordnung möchte, wenn man sich dafür entscheidet, dass es in Deutschland ordentlich zugeht, dann muss man eben auch dazu bereit sein, einige Opfer in kauf zu nehmen. Das gehört dazu, so leid es mir tut. Manche trifft es dann eben etwas mehr, und andere etwas weniger, je nach dem, was die Leute zuvor für ein Lotterleben geführt haben. Unschuldige trifft es nämlich eh nicht. Das kann natürlich auch einmal sehr tragisch für den Einzelnen sein, gut, gebe ich zu.. Das Schicksal ist nicht immer nur Glücksgöttin. Man darf aber nicht den individuellen Nachteil über das Gemeinwohl stellen. Und Gefühlsduselei ist dabei sowieso fehl am Platze.

Aber wer sich damals eingefügt hatte ins System – ich sage ausdrücklich „damals", dass wir uns da recht verstehen, gell – ja der, der hatte auch nichts zu befürchten. Nur die Meckerer und die Faulenzer und die Gauner, die hatten es schwer. Und die Kommunisten, die Roten. Wenn Sie mich fragen, zu Recht: Entweder erkenne ich die Zeichen der Zeit, oder ich muss mir auf die Finger klopfen lassen. Das ist doch klar, wer sich immer nur darüber beschwert, anstatt mitzumachen, der hat doch das System nicht kapiert.

Aber das ist immer so. Wenn über etwas geschimpft wird, schaue ich immer erst, wer schimpft, dann weiß ich meistens schon Bescheid. Mir macht keiner etwas vor. So mussten eben einige Federn lassen, damit die Ordnung sich in Deutschland einstellte.

Heute hingegen gehen die Leute zum Arbeitsamt und holen sich Geld, weil das alles Faulenzer sind. Die halten alle nur die Hand auf, statt sich auf die eigene Kraft und das eigene Hirnschmalz zu verlassen. Und wenn man sagt, dass es das früher nicht gegeben hätte, dann muss man Obacht geben, denn die sind nicht nur faul sondern auch noch rotzfrech. Gerade so Studenten: Die halten einem dann einen Vortrag über damals, obwohl die nicht dabei gewesen sind. Die wissen nichts davon, aber haben den Mund ganz weit offen. Das finde ich schon schlimm, da wünsche ich mir schon eine andere Ordnung zurück. Gerade diese Zivis *(sc. Zivildienstleistende)* sind mir da schon oft unangenehm aufgefallen, weil die keine Kriegsgeschichten hören wollen. Diese Drückeberger.

Wenn man sagt, dass wir Deutschen für den Krieg bitter bezahlen mussten, da denken viele an unsere gefallenen Soldaten. Und an die zerstörten Städte. Das stimmt schon, aber das ist nur die halbe Wahrheit. Der eigentliche Preis aber ist, dass wir uns vollständig von der Ordnung verabschieden mussten. Der Untergang war nicht 1945, der Untergang hat gerade erst begonnen.

9.

„Lieber Gott, lass den Iwan nicht schießen."
Rudi L., Jahrgang 1898, Nürnberg.

Unglück hat der verfluchte Hitler gebracht, nichts als
Unglück. Hören Sie mir bloß auf mit diesem Lumpen!
Das war für mich, wie für Millionen andere Deutsche,
das größte Unglück in meinem Leben. Ach, was sage
ich, das größte Unglück in der deutschen Geschichte.

Das Dritte Reich hatte für mich unangenehm, aber
harmlos begonnen. Ich bin halt in die Partei eingetreten,
weil das anzuraten war. Man hat mir klar gesagt, ohne
Parteibuch würde es mir schlechter ergehen als mit
Parteibuch. Das war für mich eine eindeutige Entschei-
dungshilfe. Nicht, dass ich ein hohes Tier irgendwo in

einem Büro war, aber ich war halt gut darin in dem, was ich als meinen Posten hatte. Ich war sogar so gut, dass ich für die Firma wichtig war und schwer zu ersetzen.

Ich war entsprechend spät eingezogen worden, weil mich mein Arbeitgeber noch als „unabkömmlich" gemeldet hatte. Das hatte aber nicht nur mit meinen wirklich guten Fähigkeiten zu tun. Das allein hätte mich nicht vor dem Barras gerettet. Nein, es war so: Wir hatten Beziehungen, in der zuständigen Stelle im Amt saß ein Bekannter meiner Schwester, das hat mir schon sehr geholfen.

Ich bediente damals Maschinen bei der MAN., habe ich das schon erwähnt? Das hört sich heute so einfach an, weil es heutzutage ja bald für alles einen Automaten gibt, aber damals bei der MAN, da musste man halt schon einige besondere Fähigkeiten haben, um die Maschinen überhaupt bedienen zu können. Man muss vor allem bis in die kleinste Einzelheit wissen, wie die Maschine funktioniert. Mein Chef hat mich immer angestupst und gesagt: „Sie wissen ja bald besser, wie Ihre Maschine funktioniert als wie Ihre Frau!" Und ich habe immer gelacht und gesagt: „Herr Direktor, meine Frau ist nicht halb so anspruchsvoll wie unsere Maschine." Der Direktor war ein feiner Kerl, aber ich habe einmal seine Alte gesehen – da wäre ich lieber bei der Maschine. Das war vielleicht ein böser Besen! Naja, die wird halt Geld gehabt haben, das ist ja meistens der Grund *(sc. für eine Hochzeit)*.

Wo war ich stehen geblieben? Ach ja: Frühjahr 1943

kam ich dann doch an die Reihe. Ich wurde eingezogen. Ich hatte auf einen ruhigeren Platz gehofft, Frankreich oder so, wo ich auch ab und zu nach Hause gekommen wäre. Der Bekannte hat gesagt, er glaubt, ich käme in irgendeine Bewachung, weil ich ja schon etwas älter war. Er sagte mir wörtlich: „Pack dir 'was zum Lesen ein, Rudi!"

Da habe ich mich halt darauf verlassen. Aber das kam anders für mich. Natürlich wurde es Russland, wo ich hin geschickt wurde. Wie alle anderen auch. Ich habe mich von meiner Frau verabschiedet und alle haben Glück gewünscht, mir auf die Schulter geklopft und gesagt: „Junge, komm bald wieder!" Die Eltern, die Nachbarn, auch die, die schon selber ihren Mann oder Sohn verloren hatten. Und wenn du denen in die Augen geschaut hast, hast du genau gesehen, was die Mutter oder die Tante wirklich denkt, nämlich: „Der Rudi, der kommt nicht wieder; der ist schon so gut wie tot."

Und natürlich wurde es die Front. Weil wir Deutschland wohl kaum dienen, indem wir nur etwas bewachen, wo die Sonne scheint. Nein, wir müssen auch da unseren Mann stehen, wo es schneit und unangenehm ist. Das hat uns der Oberfeldwebel bei der Begrüßung gleich mal ganz deutlich gesagt.

Es hat nicht sehr lange gedauert, bei Leningrad haben sie mich erwischt. Einfach überrannt, die Russen. Keine heroische Schlacht, kein Kampf bis zur letzten Patrone, sondern ein „Hände hoch! Alles raus aus dem Unterstand!" Früh um vier. So ging das. Sehr unspektakulär. Ich bin dann halt in russische Gefangenschaft geraten und ab nach Sibirien. Basta. Ich war nicht verwundet, die Russen hatten uns ja nachts überrascht. Kein Schuss fiel bei der Gefangennahme. Ich habe immer nur gedacht: „Lieber Gott, lass den Iwan nicht schießen." Glück muss der Mensch haben, sage ich immer. In Sibirien habe ich mir die Zehen abgefroren und das Lachen habe ich mir auch abgewöhnt. Ich mag nicht erzählen, wie scheußlich es in Sibirien war. Es geht mir immer noch zu nah. *(Muss sich fassen)*. Ich kam erst 1950 nach Hause.

Als ich nach Hause kam, die Straße entlang, sah alles anders aus, als ich mich daran erinnern konnte. Manche Häuser waren ganz verschwunden, andere waren nur noch halb so groß. Da fehlten nicht nur die Dachziegel, da fehlten überall ganze Stockwerke. Überall fehlten Dächer, statt Fensterglas war Pappmaché in die Rahmen genagelt. Da war de Krieg schon bald fünf Jahre vorbei. Da war zwar nicht alles geräumt, aber zumindest war schon einmal gefegt. Die Splitterlöcher waren noch an vielen Wänden. Überall noch der grobe Bombenschutt. Nicht mehr frisch, aber noch voll von schrecklichen Trümmern. Teilweise wächst schon das Unkraut darüber. Die Natur hat keine Zeit für unser Anliegen. Schrecklich. Die Natur muss sich nicht um den Menschen kümmern. Der ist ihr wurscht.

An der Tür von unserem Haus stand ein Mann. Ein hagerer Kerl, mit hohlen Wangen und einer krummen Nase und mit einem Arm und einer Augenklappe. Der hat mich gefragt: „Wer sind Sie, zu wem wollen Sie?" „Na, bitte schön, ich wohne hier", habe ich gesagt. Und er darauf: „Nein, Sie wohnen hier sicher nicht. Ich müsste das wissen, denn ich wohne hier und ich kenne Sie nicht."

Da hat sich dann nach einigem Hin und Her herausgestellt, dass ich schon 1943 für tot erklärt worden war, von meiner Frau, wegen der Witwenrente. Das soll man ja nicht für möglich halten, aber es war wirklich so: Die haben gedacht: Der gute Rudi, den hat der Iwan abgeknallt, der kommt nicht wieder. Und meine Frau hatte sogar schon inzwischen wieder geheiratet. Den Einarmigen. Den Krüppel. Die hat sich gedacht: „Ein Einarmiger ist besser als ein Toter."

Die ist in Ohnmacht gefallen, als sie mich gesehen hat, einfach zusammengesackt im Treppenhaus. Die kam nämlich runter, als ihr neuer Mann sie gerufen hat. In mein Zuhause wollte der mich ja nicht lassen. Er meinte ja, es sei nicht mehr mein Zuhause, sondern nur noch seines. Das war der Gipfel.

Der andere Mann hat immer gerufen: „Gehen Sie! Sie sehen doch, dass das meiner Frau nicht gut tut. So gehen Sie doch!" Und ich habe immer gerufen: „Sie ist meine Frau, sie ist meine Frau, nicht deine, du Arschloch!"

Dann kam sie wieder zu sich, ihr neuer Gatte hat ihr ja das Patschhändchen gehalten mit seiner einen Pfote. Sie hat gesagt: „Aber Rudi, es hieß doch, du bist tot. Was soll denn jetzt werden?" Ich habe meiner Frau in die Augen geschaut und gesehen: Da war keine Liebe mehr, da war keine Verbindung mehr zwischen ihr und mir. Nur Verwirrung und Verzweiflung.

Na, da bin ich dann gegangen und meine Frau ist mir hinterhergerannt und hat geschrien und geweint und hat mich an der Jacke halten wollen. Hinter ihr kam ihr neuer Mann und hat versucht, sie zu halten und zu beruhigen. Das war wie eine Polonaise aus dem Irrenhaus. Wenn da mal einer zugeschaut hat, der muss sich ja an den Kopf gefasst haben.

Wir müssen ein schlimmer Anblick gewesen sein. Die Leute blieben auf des Straße stehen und haben zugesehen, wie bei so einem Ohnsorg-Theater *(sc. Hamburger Volkstheater)*. Meine Frau – obwohl, das darf ich ja gar nicht sagen, sondern eher „meine Witwe" – hat mir alles mögliche geschworen und versprochen, aber ich bin einfach immer weitergelaufen. Mir war klar: Die sagt das nur in ihrer Verwirrung und wenn sie erst zu Sinnen kommt, dann merkt sie, dass das nicht mehr dasselbe ist und dass ich für sie wirklich tot bin.

Ich habe mich nicht ein einziges Mal umgedreht. Sonst hätten die beide gesehen, wie mir die Tränen herunter gelaufen sind. Ich bin keiner, der schnell weint. War ich nie. Das war wirklich der Moment, in dem ich gestorben bin. Aber schauen Sie, Sie müssen das so verstehen: Ich hatte in Sibirien nichts, was mich am Leben hielt, außer die Erinnerung an meine Frau, an daheim. Wenn ich damals gewusst hätte, dass meine Frau schon mit einem anderen ins Bett steigt und ich für die daheim schon tot und gestorben bin, da wäre ich besser in Sibirien geblieben.

Das habe ich alles den verfluchten Nazis zu verdanken und dem verfluchten Krieg.

Ich habe später wieder geheiratet und war mit meiner Betty viele Jahre glücklich. Meine erste Frau und ihr Krüppel sind dann, soweit ich weiß, irgendwann nach Bamberg gezogen. Ich habe sie nie wieder gesehen. Gottseidank! Das war mir recht.

10.
„Das ist die Gier der Dummen."
Gunther S., Jahrgang 1912, Nürnberg.

Ich lasse mir da nichts sagen: Das Dritte Reich hätte nicht passieren dürfen. Punkt. Es ist aber doch passiert, weil die Menschen, die Deutschen, nicht denken können. Die sehen nur: Habe ich genug Abendbrot und ist mein Arsch auch warm genug? Die interessiert das Unrecht nicht, die interessiert doch nicht, wer für ihr Auskommen herhalten musste. Das Leid anderer, das ist denen doch egal. Das sind deine Vorfahren, denk dir das mal!

Ganz im Gegenteil! Wenn das gerade passt, ja wenn der Arsch warm genug ist, dann sind die Deutschen schon zu frieden. Dann kannst du denen alles erzählen und die glauben es, solange die eigene Wampe voll ist. So sind sie, die Deutschen.

Da kommt dann bei uns in Deutschland immer noch der Neid dazu: „Da schau her, unser Herr Nachbar, der ist in der Partei! Jaja, und was er jetzt für einen strammen Anzug trägt! Und wer alles vor ihm jetzt neuerdings seinen Hut zieht. Das könnte ich ja auch kriegen, wenn ich in die Partei eintrete. Also trete ich auch in die Partei ein!" So geht das. Das ist so einfach, so durchschaubar, so billig!

Dafür machen diese Leute, diese Deutschen, dann den blödesten Mist mit. Sie denunzieren und machen ihren Diener und einen Kratzfuß und kriechen den Parteibonzen in den Arsch, bis sie oben wieder herausschauen, damit es ihnen auch so gut geht. So gut. Das nimmt dann alles kein Ende, denn sobald man mal aufsteigt, katzbuckelt und kriecht der Deutsche noch mehr, auf dass er noch mehr für sich selber heraushole. Das heißt, dass er sich von Stufe zu Stufe hoch buckeln möchte. Widerlich ist das!

Da kann die ganze Welt um ihn herum in Schutt und Asche fallen, er wird weitermachen, immer weiter, weil er keinesfalls als erster aufhören möchte, damit er ja nichts verpasst. Das ist die Gier der Dummen. Ich vergleiche das immer mit dem Ertrinkenden, der sich voll Wasser säuft, weil es kostenlos ist.

Da ging es dann los, damals. Da wurden plötzlich Bekannte nicht mehr erkannt, weil die Frau keinen Arier-Pass bekommen hat. Die hatte angeblich irgendeine jüdische Urgroßmutter. Irre! Komplett irre! Da wurde der Herr Lehrer nicht mehr gegrüßt, der sonst immer ein angesehener Mann war, weil jemand geflüstert hatte, dass der mal mit den Kommunisten sympathisiert hat. Dann sind die jüdischen Nachbarn verschwunden, bei denen man im Kramladen immer anschreiben lassen konnte. Der schlichte Wahnsinn.

Dann gingen die eigenen Männer in den Krieg und es gab stramme Fotos von stolzen Deutschen in schikken Uniformen. Davon, wo sie begraben sind, wenn sie denn überhaupt begraben worden sind, davon gibt es fast nie ein Bild. Wie auch? Die liegen ja überall da auf der Welt, wo sie die Gier hingetrieben hat und wo sie eigentlich nicht hingehören.

Aber dann, eines Tages, bumsdich, da war der Spuk vorbei, der braune. Und die Uniformen und die Parteibücher wurden ganz schnell eingepackt und verschwanden am Dachboden und zwischen den Dielenbrettern. Dass ja der „Amerikaner" – ja, so haben wir die damals genannt, hahaha – nicht darüber stolpert. Wehe, wenn du die Leute dran erinnerst, dass sie dich gestern noch mit „Heil Hitler" gegrüßt haben, die sauberen Deutschen, das ist dann alles längst Schnee von gestern und man hat alles gar nicht so gemeint. Und überhaupt: Wer ist man denn, die daran zu erinnern? Man soll erst mal vor der eigenen Türe kehren. Genau so sind die Deutschen: gierig, feige, opportunistisch.

Es ging dann auch beim Ami immer so weiter. Schließlich gibt es ja bei den Besatzern neue Ärsche zu bekriechen und neue Posten zu ergattern. Das haben die gleichen Gestalten, die gerade noch die strammsten Nazis waren, dann ausführlich gemacht; das konnte man erraten. Das Schlimme ist: Das hat dann für die auch noch geklappt. Da waren sie schon wieder wer, das war wirklich ekelhaft.

11.
„Man hat schon munkeln hören, dass in der Nachbarstraße einer mitgenommen worden ist."
Heidrun W., Jahrgang 1919, Nürnberg.

Man spricht nicht gerne über diese Zeit. Es heißt ja jetzt immer, „wir bösen Deutschen", aber wir sind auch Opfer gewesen. Wir haben uns doch reinlegen lassen! Man wusste ja gar nicht mehr, was man glauben sollte.

Auf alles, was zu dieser Zeit gefragt wurde, war „Hitler" die Antwort. Wer gut ist oder schlecht – Hitler weiß es. Wieviele Kinder ich auf die Welt bringen soll – Hitler weiß es. Was man liest, was man hören und denken darf – Hitler weiß es. Da muss man dann natürlich selber nicht mehr nachdenken, das erledigt der Hitler schon mit seiner Partei. Viele Menschen haben dann gedacht: „Was soll ich mir eigene Gedanken machen? Der Hitler hat schon einen Plan, wie das für uns werden soll." Der hat ja immer so getan, als ob er der große Visionär ist. Einer, der bei allem „eine Ahnung hat davon".

Erst hat keiner etwas gemerkt. Keiner hat kapiert, dass da etwas nicht stimmt. Erst waren das kleine Dinge: Zucker war mal knapp, dann wieder Kaffee oder so.

Oder man hat munkeln hören, dass in der Nachbarstrasse einer mitgenommen worden ist, weil er den Mund zu weit aufgerissen hat. Aber man wusste nie etwas Genaues.

Mit dem Krieg hat sich das schlagartig geändert. Wir hatten ein gutes Radio, nicht so einen Volksempfänger, der einfach nur „Hitlers verlängertes Mundwerk" war, wie mein Vater immer so schön sagte. Wir daheim konnten Sender hören, die anzuhören verboten war. Mutter hat damals immer den Amerikaner gehört. Sie hat eine dicke Wolldecke über das Radio und sich selbst gestülpt und wir warteten. Wir lauschten, dass keiner die Treppe hoch kam, dass niemand plötzlich in der Tür stand und uns beim Schwarzhören entdeckte. Mutter tauchte dann schweißgebadet mit Neuigkeiten von den Amerikanern auf. Die haben nämlich auf Deutsch gesendet! Das durften die anderen Kinder aber nicht mitbekommen, weil, wenn die etwas in der Schule gesagt hätten, dann wären wir alle dran gewesen. Dafür konnte man eingesperrt werden oder sogar zum Tode verurteilt werden. Warum? Na weil es verboten war, darum.

Beim deutschen Sender kam immer „Vormarsch hier, Vormarsch da" mit viel Täteretä und bei den Amerikanern kam was ganz anderes. Da wurden wir Deutschen zurückgedrängt, da wurde klipp und klar gesagt, wer bereits wo ist und wieviel besser die anderen *(sc. die Alliierten)* sind. Da konnte es einem Angst und Bang werden. Da war uns klar, dass die Antworten von den Nazis nicht mehr viel taugen. Das Radio habe ich noch – es steht in meinem Zimmer. Das war unser einziger Weg, im braunen Alltag noch an Information zu kommen. Es war unser Draht zur Realität, zur Wirklichkeit, wenn du verstehst, wie ich das meine.

Der Krieg war schon recht nahe, die Briten und die Amis haben uns bombardiert, Wöhrd *(sc. Stadtteil von Nürnberg)* wurde fast ganz zerstört, es war schlimm anzuschauen. Es war aber auch für uns im Nordosten von Nürnberg nicht mehr sicher. Was gestern Wöhrd passiert ist, das könnte morgen schon auch unser Schicksal sein. Wir wohnten ja gleich daneben!

Wir sind dann zu meiner Tante aufs Land und haben abgewartet, bis der Krieg vorbei ist. Einfach die Koffer gepackt und 'raus. Da musste man schon vorsichtig sein, weil einem das auch schlecht ausgelegt werden konnte. So unter dem Motto: „Die haut ab aufs Land. Die glaubt wohl nicht an den Endsieg?!" Das kann man sich so richtig wie die Flüchtlinge vorstellen, so mit Leiterwagen bepackt und zu Fuß. Es ging doch keine Bahn da raus in die Fränkische *(sc. in die Fränkische Schweiz)* und es fuhr auch kein Omnibus. Da draußen, mitten in der Fränkischen, da haben wir fast zwei Jahre gewohnt. Unterm Dach bei der Tante. Die hat immer gejammert, dass sie selber nichts hat. Aber im Vergleich zu dem, was wir Städter auf Bezugsmarken bekamen, war die Tante richtig gestopft.

Die Versorgung war die eine Sache, die Sicherheit die andere. Auf die Stadt fielen ja immer wieder und auch immer öfters die Bomben, aber unser Kaff *(sc. un-*

bedeutendes Dorf) war den Alliierten keine Extra-Bombe wert. Und so haben wir bei uns daheim keinen Schuss mitbekommen. Nichts. Weil da, wo wir waren, da gab es keine Rüstung, da gab es keine Arbeitslager und keine Kriegsgefangenen. Natürlich haben wir die Bomber gesehen, wie sie nach Nürnberg geflogen sind, und natürlich kamen bei uns auch einmal Soldaten vorbei. Aber mehr als ein Schwein haben die nicht gestohlen. Damit wir uns nicht missverstehen, das waren die Amis, das mit dem Schwein, nicht die Deutschen.

Ich sag Ihnen noch was: Die Deutschen, die durch das Dorf kamen, die waren zerlumpt und unrasiert und dreckig. Mit denen war kein Krieg mehr zu gewinnen. Fertige Gestalten, am Ende ihrer Kräfte. Aber die Amis sahen gut aus! Hach, sahen die gut aus in ihren Uniformen, die Amis. Und sie hatten Schokolade und Zigaretten. Aber ich bin nicht mit den Amis mitgegangen. So eine war ich nicht.

12.
„Der Gedanke, dass der Neger ihn schon im Kochtopf hat, ist mir durch Mark und Bein gegangen."
Maria B., Jahrgang 1912, Coburg.

Kommen Sie ruhig her, setzen Sie sich zu meiner Wenigkeit auf das Canapé. Ich beiße Sie nicht. Ich erzähl Ihnen, wie das mit dem Krieg zu Ende ging, das war eine spannende Geschichte. Ich erinnere mich noch sehr genau. Ich bin keine von den depperten Alten hier im Heim, die ihr Gehirn schon an der Pforte abgegeben haben.

Also, das war damals so: Das Dritte Reich war langsam kaputt. Überall im Westen waren schon die Amerikaner, die hatten schon Frankfurt und ich glaube auch Würzburg eingenommen. Da wussten wir, dass wir in unserem Dorf bei Coburg auch bald an die Reihe kommen. Die Ami kamen ja, so ganz grob, die Saale hoch und haben dann einen Schwenk bei Coburg Richtung Bamberg und Nürnberg gemacht. Da war in unserem Dörflein allen klar, dass die Ami auch bei uns hereinschauen werden.

Das sag ich jetzt so lustig, aber damals war uns ganz bestimmt nicht zum Lachen zu mute. Wir hatten furchtbar Angst vor den Amerikanern, vor allem vor den Negern. Es war uns allen ja immer wieder gesagt worden: Wenn die Amerikaner kommen, die Neger, dann fressen die uns die Kinder auf. Da hatte es sogar ein Flugblatt mit einem Neger vor einem großen Kochtopf! Also, als die Amerikaner dann kamen, da hatten wir große Angst um die Kinder, weil wir der eigenen Propaganda geglaubt haben. Wir beschlossen, die Kinder zu verstecken, wenn die Amis kommen. Damit das Heinerle und die Gretel nicht im Kochtopf enden.

Wir konnten ja am Rumoren der Fahrzeuge schon hören, dass die Amis nicht mehr weit sind, und wir haben immer wieder von unseren eigenen Leuten, von

Wehrmachtlern und Volkssturm gehört, wie nahe die Amis nun schon sind. Zum Glück waren Unsere *(sc. die Wehrmacht)* schon so schwach, dass sie sich nicht mehr groß gewehrt haben, gegen die vorrückenden Ami. Das war ein Segen für das ganze Dorf, ach was sag ich, für die ganze Gegend. Weil, wenn wir uns da gewehrt hätten, dann hätten uns die Ami fertig gemacht. Die hätten uns erst kurz und klein geschossen und dann einfach abgeknallt. Solche Sachen sind wirklich passiert mit denen, die unbedingt bis zur letzten Patrone weiter kämpfen mussten. „Die letzte Patrone kommt vom Ami", haben wir immer gesagt.

Die Amerikaner kamen am Morgen und keiner hat sich auf die Straße getraut. Erst ein paar Mann zu Fuß und dann mehr Soldaten mit Panzern. Die Gewehre im Anschlag, geduckt, von Deckung zu Deckung und sie zielten auf die Fenster. Sie gingen im Schutz der Häuserschatten, immer in Deckung bleibend, von Haus zu Haus, obwohl überall weiße Bettlaken raushingen. Ich erinnere mich noch wie heute: Unten, am Ende der Hauptstraße, da wohnte der Krämer, da hatte der seinen Laden *(sc. für allerlei Waren des täglichen Bedarfs)*. Der hatte auch ein Laken aus dem ersten Stock gehängt, aber das war dreckig. Da haben sich die Leute geschämt für den Schuster, weil: Was sollten denn die Amerikaner denken, wenn selbst die weißen Fahnen noch braun sind?

Da schämt man sich doch in Grund und Boden. Da hat einer ihm signalisiert, er soll den dreckigen Lappen reintun und eine weiße Fahne raushängen, und dann hat der stattdessen ein Tischtuch raus. Aber das war genauso dreckig. Das war wirklich schlimm.

Niemand hat sich aus dem Haus getraut, niemand war auf der Straße. Dann kam ein Kübelwagen *(sc. Jeep)*, da saßen zwei Amis drin. Ein dünner, weißer mit einem Schnurrbart und ein dicker Neger. Der war ganz schwarz. Ich hatte noch nie zuvor einen Neger gesehen und so entfuhr mir ein Schrei. Da ist der Kastenwagen stehen geblieben, ganz abrupt. Der Dünne hat auf unser Haus gedeutet und die Soldaten sind alle zu unserem Haus gelaufen und haben geklopft. Wir haben es vom Fenster aus gesehen. An der Tür hat es gepoltert, als ob die uns noch gleich die Tür eintreten werden. Der Opa hat mir die Hand vor den Mund gehalten und hat gesagt, ich soll endlich still sein, sonst knallen die Ami uns alle ab. Aber da ist der Richard, der Kleinste, der war erst drei, zur Türe gerannt und hat aufgemacht. Er hat nicht verstanden, was draußen los war und war neugierig, wer da an der Türe pocht.

Da haben ihn von außen zwei schwarze Hände gegriffen und weg war er. Ich seh diese riesigen schwarzen Arme noch wie heute. Mir ist das Blut in den Adern gefroren, das Herz blieb mir stehen. Ich habe wieder geschrien. Dann kamen die Soldaten rein und hielten die Gewehre auf uns und es gab ganz viel Palaver mit denen. Wir konnten nichts verstehen und die haben alle gleichzeitig geredet. Wir dachten: Jetzt ist es aus! Jetzt stellen sie uns an die Wand und den Richard, den stekken sie in einen Kochtopf. Dann aber kam ein Amerikaner 'rein und sprach auf Deutsch zu uns. Der sprach einwandfreies Deutsch, das konnten wir kaum glauben. Er wollte wissen, was das für ein Aufstand sei und ob wir Nazis sind. Der Vater konnte den Offizier beruhigen, dass wir keine Nazis sind.

Ich hab immer geweint und gezittert, was wohl mit meinem kleinen Sohn sein würde. Der Gedanke, dass der Neger ihn schon im Kochtopf hat, ist mir durch Mark und Bein gegangen. Wir mussten alle am Küchentisch sitzen und die Amis standen um uns herum. Keiner von uns durfte sich rühren. Als sie merkten, dass von uns keine Gefahr ausging, sind sie wieder abgerückt.

Ich bin zur Türe gerannt und da sah ich meinen Richard. Gegenüber, im Jeep. Er saß bei dem Neger auf dem Schoß und hat Schokolade gefüttert bekommen. Und der Neger hat gelacht, dass man seine vielen weißen Zähne sehen konnte. Und der Richard hat gestrahlt, als ob das Christkind zu ihm gekommen ist. Richtige

Schokolade! Seine erste! Von Cabdurri *(sc. Cadbury)*. Der Neger hat mir meinen Sohn dann aus dem Jeep gehoben und ihm über das Haar gestrichen. Er war ganz lieb zu meinem Richard. Er hat mir auch Schokolade angeboten und ich dumme Kuh hab „nein Danke" gesagt. Da schäme ich mich noch heute dafür. Was der wohl über mich gedacht hat? Dass ich eine dumme, undankbare, deutsche Nazi-Kuh bin, das hat der gedacht. Das werde ich mein Lebtag nicht mehr los.

13.

„Da war ja nichts, das war ja nur Steppe und primitives Volk."
Hedwig F., Jahrgang 1898, von der Ruhr.

Man redet sich leicht von Schuld und Mitläufertum. Man redet sich da ganz leicht. Vor allem, wenn man selber gar nicht dabei gewesen ist. Viel zu leicht! Nicht jeder, der mitgemacht hat, war auch ein Mitläufer. Nicht jeder Mitläufer war auch Mittäter. Das müssen Sie mir glauben, sonst brauchen wir gar nicht weiterzureden.

Mein Mann zum Beispiel, der Egon, der hatte sich Zeit seines Lebens nicht für Politik interessiert. Der hat seine Briefmarken gesammelt, das waren seine kleinen Aktien. Das hat er mir immer gesagt: „Hedel", hat er gesagt, „die Briefmarken sind die Aktien für unsereins. Lass mich nur fleißig sammeln und tauschen, du wirst schon sehen. Eines Tages verkaufe ich die Sammlung und dann gehen wir groß aus." Mein Mann, der konnte keiner Fliege was zu leide tun.

Der war also Beamter bei der Bahn und das war er schon, bevor der Hitler an die Macht kam. Er hat einfach brav seine Arbeit gemacht, hat geplant und berechnet, damit alles seine Ordnung hat. Sein Chef hat immer gesagt: „Ja auf den F., auf den kann ich mich verlassen. Da kann der verfluchte Partisan noch so viel kaputt machen, der F. hat da schon den Neubau in der Schublade." Mein Mann war ein sehr guter Planer. Er konnte Karten lesen wie kein anderer. Dem war mit einem Blick klar, wo die Eisenbahn-Strecke verlaufen sollte. Der wusste, wo der Boden nicht für ein Gleisbett taugen würde oder wo zu viel Fels die Bauarbeiten verzögern würde.

Der sah das, das war sein Talent. Das haben seine Vorgesetzten schnell gemerkt. Also hat er bald sehr viel in unseren neuen deutschen Gebieten geplant, in Polen und in Russland, eben da drüben, weit im Osten. Da war ja nichts, das war ja nur Steppe und primitives Volk. Da mussten erst Gleise gelegt werden, damit die Kultur zu denen kommen kann. Weil mein Mann bei der Bahn war, wussten wir nämlich immer, wo es schon sicher neues Deutsches Reich war. Weil, die deutsche Führung wird ja kaum eine Bahnlinie bauen lassen, wenn da noch gekämpft wird. Der Egon hat immer gesagt: „Hedi schau, das ist alles neues Deutsches Reich. Das haben wir dem Hitler zu verdanken. Das ist gutes Land; das haben wir uns erkämpft, wie damals die Römer."

Der Egon, der hat das selber vor Ort nie gesehen, wie das Land so ist, auf dem seine Bahnlinien entstehen, wie das wirklich gebaut wird. Ich hab mir gedacht, das muss ihn doch interessieren, das will man doch sehen, was aus der eigenen Planung einmal wird. Das war doch sein Werk! Wie das wirklich entsteht, was er auf dem Reißbrett erdacht hat. Aber er hat immer gesagt: „Hedchen, mir ist das gleich. Ich mache meine Arbeit und das ist genug. Bauen sollen das mal hübsch die anderen. Die kommen ja auch nicht zu mir in die Stube, wenn geplant wird. Jeder hat seinen Platz, wie die Zahnräder in einem großen Uhrwerk."

Ich glaube nicht, dass er genau gewusst hat, für was er da so plant. Natürlich hat er sich schon gewundert: solche Güterzuglinien! Die gingen ja immer noch nach nirgendwo. Keine Bahnhöfe zum Einsteigen und Aussteigen. Nichts. Was sollten da wohl für Güterzüge hinfahren? Was gibt es denn da zu transportieren? Ich bin mir sicher, er hat schon auch kapiert, für was er da plant. Aber mein Egon hat nie etwas gesagt. Nicht einmal zu mir. Er hat das alles mit sich selbst ausgemacht.

Nach dem Krieg haben die Besatzer ihm Fragen gestellt, die Amis vor allem. Das war sehr unangenehm, was die alles gefragt haben. Was er denn so genau geplant hat und warum? Und ob er wusste, für was seine Planungen später einmal genutzt werden sollen. Aber der Egon, konnte alles sauber beantworten und den hohen Herren von der Kommission klipp und klar sagen, dass er nur gemacht hat, was als Beamter von ihm verlangt wurde – von seinen Vorgesetzten, und von deren Vorgesetzten und so weiter. Er hatte sich Notizen gemacht, wer genau wann ihm die Aufträge gegeben hat, wer mit geplant hat und was das für Vorhaben waren. Er hat dem Ami gesagt, dass er ja nicht wissen kann, ob da Kohle oder Leute transportiert werden. Und was aus den Leuten wird, das wusste er ja erst recht nicht.

Da war nichts dabei, wo man hätte sagen können: „Herr F., das ist aber auf ihrem Mist gewachsen." Nichts. Er hat nicht einmal eigene Vorschläge gemacht, wenn er es besser wusste. Da hat mein Egon gar kein schlechtes Gewissen gehabt. Er hat mir einmal gesagt: „Wenn ich es besser weiß, dann kommen die ja doch bloß nächstes Mal zu mir und wollen, dass ich alles wieder besser weiß und dann hört die Arbeit nie mehr auf." Er hat immer gesagt: „Wenn ich da nicht gesessen hätte, wäre da ein anderer gesessen und der hätte genau das Gleiche gemacht." Das hat für ihn als Begründung gereicht.

Er ist sein ganzes Leben bei der Bahn geblieben und er war immer sehr zufrieden und seine Vorgesetzten waren jederzeit mit ihm zufrieden. Nur einmal hat ihm jemand Rizinusöl in den Kaffee geschüttet, das war Fasching 1951. Da hat er an der Menschheit gezweifelt. Drei Tage Dünnpfiff vom Feinsten. Er hat gesagt: „Du glaubst es nicht, Hedchen. Da gibt es wirklich böse Menschen, da draußen."

14.
„Alles in allem wirklich eine gute Zeit."
Friedrich „Jerry" J., Jahrgang 1911, Köln.

Sie werden sich wundern, aber für mich war der Krieg eine gute Zeit gewesen. Ich denke da ganz gerne zurück. Gell, da staunen Sie? Damit hätten Sie nicht gerechnet. Einer, der Ihnen sagt: „Für mich, da war es gut." Ich will Ihnen gerne erzählen, was es damit auf sich hat.

Das hatte, wie ich immer so gerne sage, Gründe in meiner Ehe. Ich hatte nämlich damals so einen Drachen daheim, meine Alte. Wie wir geheiratet haben, 1935, da war meine Olle noch ganz nett. Schätzchen hier und Schätzchen da. Wie das halt bei den frisch verheirateten, jungen Leuten so üblich ist, nicht wahr? Aber dann wurde es bald von Tag zu Tag schlimmer. „Mach dies, aber lass jenes." „Trink nicht so viel." „Was, gehst du abends schon wieder aus?" „Setz einen Hut auf!" „Zieh' die Schuhe in der Stube aus!" Und so weiter. Und sie wurde immer dicker, meine Olle. Die kam kaum mehr die Stiege rauf. Und ich kam da auch nicht mehr rauf, haha. Da war an Nachwuchs gar nicht zu denken. Das war technisch gar nicht möglich, wenn du verstehst wie ich's meine, hahaha.

Nun, ich war ja Flieger in Reserve und ich war, ehrlich gesagt, froh, als ich einberufen wurde. Weg von der Alten! Das war eigentlich genau das, was ich wollte. Ich habe immer gesagt, schlimmer als meine Alte wird kein Leutnant bei den Fliegern sein. Ich habe Recht behalten. Da herrschte eine gute Kameradschaft, da waren sich alle grün, das war eine gute Truppe. Bei unserem ersten Feindflug auf England im März '41 wurde unsere Heinkel gleich abgeschossen über Nordengland. Wir hatten Glück im Unglück, wir haben die Heinkel noch auf einem Feld heruntergebracht und uns nicht viel weh getan. Wir sind zum Glück gleich gefangen genommen worden. Ich sage ausdrücklich „zum Glück". „Gefangen" hat sich schlimmer angehört, als es dann am Ende war. Der Engländer war immer ein Gentleman. Auch als Soldat.

Wir deutsche Gefangenen wurden mehr als anständig behandelt. Man hat versucht, uns umzuerziehen, aber das war eher mäßig erfolgreich. Ich denke, da ist es auf den Menschentyp angekommen, der umerzogen werden sollte. Bei mir war das nicht schwer, der Herr Hitler war sowieso nicht mein Fall gewesen. Alleins das alberne Bärtchen, so eine richtige Rotzbremse.

Die Engländer wollten einen natürlich so weit weg von jeder Fluchtmöglichkeit haben, wie es auf einer Insel überhaupt nur geht! Weg von den Häfen, von den Städten und weg von jeglichem Militär. Aber die Insel ist ja nicht groß, da ist das kein leichtes Unterfangen, wenn Sie verstehen, was ich meine. Militär, Stadt und Hafen gab es da ja auf Schritt und Tritt.

Ich kam dann auf einen Bauernhof in Schottland, weit im Norden. Das war wie eine Zeitreise. Die waren da oben in den Highlands nämlich mindestens 50 Jahre hintendran, in ihrem schönen Schottland. Ich habe mir das nicht anmerken lassen, das macht man nicht. Nicht als Gast und auch nicht als Kriegsgefangener. Wenn die primitiv, aber glücklich sind: Meinetwegen, sollen sie doch! Die haben noch alles hausgeschlachtet; nicht als Ausnahme, sondern ganz grundsätzlich und die Verhältnisse waren schrecklich. Das Schwein hat geblutet und geschrien und das ging ewig lange so, bis die arme Sau endlich tot war und wir Wurst und Braten und all das machen konnten.

Ich hab in Schottland als Kriegsgefangener hart gearbeitet. Ich habe aber auch mein Geschick, meine handwerklichen Fähigkeiten und mein Wissen geteilt. Habe ich gerne gemacht, jawoll meine Herren! Ich hatte keine Berührungsängste, warum auch?! Ich hab mich ja nie wirklich als Gefangener gefühlt.

Ich habe bis '47 geholfen, den Bauernhof in den Highlands auf Zack zu bringen, und die Schotten haben mich wie einen der ihren behandelt, also ich meine wie einer von den eigenen Leuten, nicht wie einen Iren. Egal. Ist ja auch kein Wunder, ich habe ja quasi im Alleingang die Neuzeit auf „meinen" Bauernhof gebracht. Ich durfte bei den Macs mit am Tisch essen, es wurde Geburtstag gefeiert und Weihnachten. Natürlich nicht so wie heute. Es wurde halt eine Kerze angezündet und es gab einen kleinen Whisky für alle.

Bei mir waren keine Wachen oder Zäune, die mich hätten aufhalten sollen, aber wo ich war, war weit und breit nichts. Wo hätte ich hinrennen sollen? Ich hätte mich ja nicht einmal an einem Baum orientieren können. Weit und breit nur Heidekraut. Und selbst wenn ich es zur Küste geschafft hätte, wie sollte ich denn dann über den Ärmelkanal? Schwimmen? Und selbst wenn ich es bis nach Hause geschafft hätte, alles was ich gehabt hätte, wäre mein Drache und die Aussicht gewesen, gleich wieder losfliegen zu müssen. In den nächsten Einsatz. In den nächsten Abschuss. Immer dem Endsieg entgegen oder so. Nee danke, dachte ich mir, da bleibste lieber bei deinen Schotten. Da geht's dir gut.

Ich hatte dann noch einmal ein Riesenglück in meinem Leben. Als ich aus der Kriegsgefangenschaft entlassen wurde und heim kam zu meiner grausigen Ollen nach Köln, da war ich schon für tot erklärt worden. Das war damals eben so, wenn man lange vermisst war und nicht die Hoffnung bestand, dass du noch einmal nach Hause kommst. Dann wurdest du damals ziemlich schnell für tot erklärt, damit es für die Frauen wieder weitergeht mit dem Leben. Der Führer braucht ja neue Kinder, neue Söhne, neue Soldaten, aber keine unehelichen Kinder aus schlampigen Verhältnissen, nein, nein, die wollte der Mann mit dem Bärtchen nicht.

Ich konnte also mein Glück ja kaum fassen: Meine Alte hatte meinen Tod schnell verwunden und ein anderes Opfer geheiratet. So einen ganz dünnen Hering mit einer spitzen Nase. Ich hab mir gedacht: „Der Herrgott, der hat es schon gut mit dir gemeint, Frieder. Er hat dir diese Alte vom Hals geschafft. Das ist ein Zeichen." Also hab ich auf dem Absatz kehrt gemacht und bin gleich wieder abgehauen.

Was sollte ich auch noch in Köln? Die ganze Stadt lag in Trümmern, meine Kneipe, in die ich mich ab und zu flüchten konnte, war weggebombt. Es gab nichts für mich zu tun. Eigentlich wollte ich nach Schottland, aber das ging irgendwie nicht und dann hab ich bei den Amerikanern angeheuert, in Frankfurt. Englisch konnte ich ja, wegen der Schotten. Ich hab für die Laster gefahren, später dann auch Busse und da gab es immer gut Geld für. Daher habe ich auch meinen Spitznamen Jerry, der ist mir aus der Zeit irgendwie nachgelaufen.

Alles in allem wirklich eine gute Zeit, aber ich denke, ich bin da auf weiter Flur die große Ausnahme, was?

15.
„Geschichte ist Vergangenheit."
Greta N., Jahrgang 1920, Berlin.

Etwas über das Dritte Reich sagen soll ich? Tja, da gibt es eigentlich nicht viel. Ich denke, man sollte die Dinge endlich ruhen lassen, nach vorne schauen. Das ist doch unser Wesen, dass man auch mal die Dinge ruhen lassen kann und sagen kann: „Wir schlagen ein neues Kapitel auf, wir lassen das Alte nun ruhen."

Das Ausland tut immer so, als ob wir Deutsche die einzigen sind, die Schuld auf sich geladen haben. Dabei waren alle anderen genau so schlimm. Die sind doch froh, dass sie mit dem Finger auf uns zeigen können.

Der Engländer mit seinen Kolonien, der hat doch selber die Konzentrationslager erfunden. Die brauchen sich gar nicht meck zu machen. Der Engländer hat doch in seinen Kolonien alles umgebracht, bei dem ihm die Nase nicht gepasst hat. Araber, Asiaten, Neger, alles haben die gnadenlos für ihr Empire abgemurkst oder an die Amerikaner verkauft. Da kräht heute natürlich kein Hahn danach. Indien, China, Afrika, alles leergeballert vom Engländer. Der Sklavenhandel – da waren wir Deutschen nie dabei! Das haben die Engländer alleine gemacht und dabei haben die halb Afrika leergeräumt.

Keiner sagt aber: „Die Deutschen, die waren bei der Sklaverei nicht dabei. Die waren immer anständig." Nein, man hält uns das mit den Juden immer vor die Nase. Wie so ein rotes Tuch.

Die Amerikaner brauchen erst recht nichts zu sagen. Die haben die ganzen Indianer umgebracht und die Mexikaner, ganze Völker vertrieben und vernichtet. Mal mit Gewalt, mal haben die den Indianern absichtlich Mumps gegeben und die sind dann alle daran verreckt. Aber der Amerikaner gilt gemeinhin immer als gut, egal was das für Pack ist, egal wieviel Dreck der Ami am Stecken hat. Das sind doch sowieso lauter Leute, da drüben in Amerika, die nach Amerika abgehauen sind, weil sie hier keiner brauchen konnte. Bekloppte Wiedertäufer, arbeitsscheue Italiener, versoffene Iren. Der Abschaum Europas, das Gesindel schlechthin. Die, die keiner in seinem Land haben wollte.

Und die wollen uns jetzt sagen, dass wir schlecht sind? Gerade die! Ich bitte Sie, da stimmt doch was nicht! Ausgerechnet die!

Aber der Gipfel, der absolute Abschuss, das sind die Kommunisten, die Russen, bei denen nach der Revolution mehr Leute verhungert sind, als die Gefallene im Kriege hatten. Da sagt keiner: „Der Russe, was ist denn das für ein schlimmes Volk!"

Ich will es einmal so sagen: Das war natürlich nicht richtig, was Deutschland gemacht hat. Das war ein Fehler, das mit den Juden, und das muss man akzeptieren. Aber man muss endlich nach vorne schauen. Geschichte ist Vergangenheit. Ich habe es satt, dass uns die Geschichte ständig einholt. Ich habe es wirklich satt.

Die jungen Leute heute sollten sich nicht mehr damit abgeben müssen, was ihre Eltern und Großeltern für Fehler gemacht haben. Weil die jungen Leute, die können da ja am allerwenigsten dafür. Uns Alten, ja uns sollen die ruhig sagen, wie schlecht und schlimm wir waren. Da haben sie zum Teil auch Recht. Aber wer mit dem Finger zeigt, sollte nie vergessen: Ein Finger deutet auf den anderen, aber vier Finger zeigen dabei auf dich selbst. Dabei bleibe ich.

16.
„Die Obermutigen liegen alle in Russland und die größten Hurraschreier haben die Amis aufgehängt."
Friedemann S., Jahrgang 1913, Nürnberg.

Was soll man heutzutage schon groß zur Vergangenheit

sagen? Heute wissen wir, dass wir alles falsch gemacht haben, was falsch zu machen ging. Heute ist uns das natürlich klar. Aber glaub' mir: Wir haben damals gedacht, wir haben richtig gewählt, als wir für den verfluchten Hitler gestimmt haben! Es hat ja im Jahre Dreiunddreissig keiner gewusst, was der für einen Blödsinn machen würde. Jeder hat nur gedacht, dass es nicht mehr schlimmer werden kann mit Deutschland und auch mit seinem eigenen Leben, und dass endlich eine Lösung her muss.

Der Hitler mit seiner Partei hat den Leuten nach dem Maul geredet und die haben es geglaubt, seine ganzen Versprechen und Lügen. Wir haben alles geglaubt. Es war, als ob er jeden einzelnen in seinen Bann gezogen hat. Man hatte immer das Gefühl, er spricht speziell zu dir und du bist ihm persönlich Rechenschaft schuldig.

Jeder hat natürlich auch gesehen, dass da ein paar ganz schlimme Sprüche dabei sind, bei diesem Hitler und bei seinen Mit-Hitlern. Aber keiner hat damals geglaubt, dass der Hitler damit ernst machen würde. Nie im Leben! Was dann kam, war so über alle Grenzen hinaus irre, das hat wirklich keiner für möglich gehalten.

Ich meine, die Juden und die Kommunisten, das waren doch alles Leute, die man gekannt hat. Die waren doch unsere Nachbarn und unsere Kollegen in der Arbeit. Die haben doch im Verein mitgemacht. Die kennt man doch. Denen würde doch keiner wirklich etwas tun. Das war doch gar keine anonyme Truppe, die keiner kannte. Das war doch keine isolierte Gruppe, die fremd war, die waren doch alle aus unserer Mitte!

Es hatte doch eigentlich ein jeder jüdische Leute in der Bekanntschaft. Die waren doch sehr geschätzt. Die besten Ärzte, die gebildetsten Leute. Die würde doch keiner angehen und wenn doch, dann würde der Staat sich doch dazwischen stellen und natürlich seine Bürger vor dem Mob schützen. Das die Gewalt vom Staat ausgeht, gegen die eigenen Bürger, das hätte keiner für möglich gehalten.

Aber denkste! Das ging so hopplahopp, da wurden alle überrumpelt. Natürlich ging das schon Schritt für Schritt, aber das waren schnelle Schritte. Große Schritte. Hast du dich noch über das eine neue Gesetz gewundert, schon kam das nächste um die Ecke. Man konnte sich kaum mehr wundern, so schnell ging das alles. Und ein Gesetz war dümmer als das andere. Und schlimmer. Ehe wir uns versehen hatten, war alles anders. Es gab nur noch die Partei hier, die Partei da, und wer nicht gleich „hurra" geschrien hat, der war als Nein-Sager verschrien. Es hieß ja immer: „Wer nicht für die Nazis ist, ist gegen sie." Da war man sehr schnell verdächtig.

Verdächtig aber, das wollte keiner sein. Wirklich nicht. Das war das Schlimmste, was einem passieren konnte. „Verdächtig" hat bedeutet, dass man ein Kandidat für Schutzhaft war, für's Lager oder dass man gleich verschwindet. Also hat lieber jeder mitgemacht, einfach nur zur eigenen Sicherheit und zur Sicherheit der Familie. Wenn doch mal einer etwas zu meckern gehabt hat, dann hat sein Gegenüber gleich eine Geschichte gewusst. Von irgendwem, der aufbegehrt hat und seine Klappe zu weit

aufgerissen hat und den die dann verschwinden lassen haben. Da haben es die meisten, die große Reden schwingen wollten oder die mit großartigen Beschwerden auftreten wollten, doch mit der Angst zu tun bekommen. Da hat dann erst recht jeder mitgemacht bei den Nazis.

Viele haben ja überhaupt erst mit dem Nazisein aufgehört, als die Amis schon auf dem Flur standen. Die haben bis zum Schluss nicht geglaubt, dass wir den Krieg verlieren. Da haben die hinten noch die Parteiabzeichen im Klo versenkt und vorne kam der Ami zur Türe herein.

Manche haben sogar nie aufgehört. Die sagen ja hinter vorgehaltener Hand immer noch, dass wir uns gegen die Besatzer wehren sollen und dass wir nie hätten aufgeben dürfen. Das sind gar nicht so wenige. Das hört man hier im Heim ziemlich oft, so beim Abendessen und im Fernsehzimmer. Da grüßt einen schon mal einer mit dem deutschen Gruß. Da heißt es gern einmal „Heil Hitler", wenn gerade kein anderer auf dem Gang ist. Vor allem, wenn etwas Schlimmes irgendwo auf der Welt passiert ist, Kinderschänder, Mord und Totschlag, was weiß ich – dann sagen alle schnell: „Ja früher, beim Adolf, da hätte es das nicht gegeben; da hätte es gleich geheißen: an die Wand und Feuer frei! Da wäre gleich Ruhe im Puff gewesen, zum Beispiel mit den Langhaarigen und den Terroristen."

Ich denke mir dann immer: Die da reden, die können früher beim Adolf nichts Gescheites gewesen sein. Weil die Obermutigen haben alle ihren Heldentod bekommen. Die liegen alle in Russland und die größten Hurraschreier haben die Amis aufgehängt. Wer heute noch für den Hitler Partei ergreift, kann das nur, weil er unter Hitler nichts gewesen ist.

Heute schaue ich zurück wie in einen bösen Traum und denke mir: Du warst doch dabei damals. Was soll die Welt einmal über dich denken? Und trotzdem versteht man nicht, wie es so weit gekommen ist. Wenn ich durch mein Nürnberg gehe und mich erinnere, wie das vor dem Krieg ausgesehen hat, da laufen mir jedesmal die Tränen runter. Furchtbar! *(Sc. beginnt zu weinen)*. Das ist alles so gekommen, weil wir nicht rechtzeitig nein gesagt haben.

So, jetzt hab ich wirklich genug geredet über diese verfluchte Zeit.

17.
„Der hatte ja keine Kinder, der Führer."
Waltraud V., Jahrgang 1919, Schlesien.

Nu, für uns war der Krieg eine Katastrophe. Mein erster Mann war nach Russland abkommandiert worden. Dass er dort schon gefallen war, das wusste ich zu dem Zeitpunkt ja gar noch nicht. Wir waren aus einer Kleinstadt bei Oppeln, das liegt heute in Polen. Uns war klar, dass die Russen uns fürchterlich behandeln würden, wenn wir in deren Hände gerieten. Ob Sie es glauben oder nicht: Das hat '41 vielleicht noch keiner gedacht, aber später, spätestens seit Stalingrad, wurden es zusehends mehr Bürger, die sich davor fürchteten, dass der Russe zu uns kommen würde. Vor allem die Mädchen. Da geht es mir heute noch durch Mark und Bein. Was haben die Russen nur den Frauen und Mädchen angetan! Da gab es keine anständige Frau mehr, als die Russen da gewesen waren. Also haben wir gesagt, wenn der Russe auch nur langsam in der Nähe ist, dann hauen wir ab; egal was der Führer befiehlt. Man muss an die eigenen Kinder denken. Der hatte ja keine Kinder, der Führer.

Also kam der Russe, Januar 1945, und es war bitter kalt. Wir hofften noch auf die Verteidigung durch die Wehrmacht, er war ja noch nicht über die Grenze. Aber dann ging alles ganz schnell. Die Nachricht kam, ein verletzter Kradmelder hat sie gebracht. Der Russe wäre nur noch ein paar Kilometer weit weg und würde vorrücken, und zwar gar nicht so langsam. Und wir sind ab in den Zug. Nichts wie weg! Wir hatten noch Glück, denn zwei Stunden nach unserer hastigen Abreise hat der Russe den Bahnhof getroffen und einige Schienen völlig zerstört. Von da an kam kein Zug mehr raus. Diejenigen, die was versucht haben wegzulaufen, die hat der Russe schnell eingeholt. Das haben viele nicht überlebt. Die waren wie die Tiere.

Wir hatten uns mit den Kindern bis Dresden durchgeschlagen. Dem verfluchten Russen waren wir ja gerade noch so entwischt. Weiß der liebe Herrgott, was der Russe mit uns gemacht hätte, wenn er uns geschnappt hätte. Es gab Gerüchte, dass die Rote Armee jede Frau, die sie schnappt, drei Tage lang ununterbrochen vergewaltigen würde. Da war die schiere Angst in den Gesichtern der anderen, die sich auch aus dem Staub gemacht hatten. Da sah man den Leuten an, dass sie diese Geschichten und Gerüchte auch gehört hatten.

So waren wir also in Dresden, bei einer Cousine meiner Mutter. Die Hermine, die war schlecht zu Fuß, weil die hatte ja Wasser in den Beinen. Sie hatte eine kleine Wohnung. Da war es natürlich sehr eng für uns alle, aber wir hatten es immer noch besser als die vielen Tausend anderen Leute, Flüchtlinge und Ausgebombte, die in der Kälte auf der Straße und in den Stiegen *(sc. Hauseingängen und Treppenhäusern)* ihr Quartier hatten nehmen müssen. Ein paar Decken, Mantel, Handschuhe. Nichts weiter. Da sind ja auch Leute erfroren. Kinder lagen steifgefroren am Morgen im Hauseingang. Die tote

Mutter daneben. Der Kältetod kommt ganz leise; den merkt man erst, wenn man tot ist, heißt es ja immer. Schrecklich!

Die Führung hatte uns ja versprochen, dass kein feindlicher Flieger uns erreichen kann. Aber dem verfluchten Marschall Meier *(sc. gemeint ist Göring, der in seiner Rundfunkrede vom 9. August 1939 geäußert hatte: „Wenn auch nur ein englischer Bomber die Ruhr erreicht, will ich nicht mehr Hermann Göring, sondern Hermann Meier heißen")* hat ja eh keiner mehr etwas geglaubt. Die ganze Stadt war voll mit Flüchtlingen aus dem Osten, mit Leiterwagen, mit Rucksäcken und mit ihren Kinderwägen, in denen die ihre Habe hatten und nicht etwa Kinder. Es herrschten völlig schlimme Zustände. Mich hat es gewundert damals, daß die Nazis nicht eingegriffen haben, das waren ja keine deutschen Zustände mehr in Dresden. Es war in höchstem Maße alles durcheinander und niemand wusste, was mit all den Leuten anzufangen wäre. Das wussten wir sozusagen aus erster Hand, wie es um das Deutsche Reich bestellt war.

Dann kamen die Bomber, die Sirenen heulten und jeder wusste, dass es dieses Mal ernst wird. Das lag einfach so in der Luft. Die Menschen sind da wie die Gänse, die ja auch lange vorherspüren, wenn es ernst wird. Aber es gab nicht genügend Bunker für die Leute. Lange nicht genug. Für die Flüchtlinge schon gleich gar nicht. Nicht einmal für alle Dresdner. Die Cousine hat gesagt, wir sollten alle in den Keller, und so sind wir mit unserer Habe und mit dem Blumentopf von der

Cousine und den vorgepackten Koffern von ihr in den Keller.

Da war ein Durchbruch, gleich bei den Kohlen. Den hatten andere Bewohner gemacht, heimlich natürlich, das war ja verboten. Von da konnte man in die Kanalisation absteigen. Da ging es noch viel tiefer runter. Als die ersten Bomben die Erde zittern ließen, sind alle aus dem Keller durch den Durchbruch weiter runter, noch tiefer in den Schoß von Mutter Erde. Ich dachte mir: bald sind wir mitten in der Erde, es wird schon warm. Aber es war nur eine Rohrleitung, die so eine Hitze abgab. Die ganze Erde zitterte, es rieselte Staub und Dreck herab von den Erschütterungen und wir haben uns in dem Gestank von der Kanalisation zusammengedrängt und gebetet und viele haben geweint.

Ich weiß nicht, wie lange das ging, wieviele Stunden, wieviele Tage. Es war fürchterlich. In der Dunkelheit, ohne das Licht von draußen, da verliert man ganz schnell das Gefühl für die Zeit. Die Luft wurde immer schlechter und auf einmal war es still. Ganz still. Alle haben die Köpfe gehoben und gelauscht, aber es waren keine Bomber mehr zu hören. Sie waren weg. Keiner wagte zu atmen, weil die Stille so leer und so friedlich und damit so wertvoll erschien.

Ich hätte ja gedacht, dass nun alles nach oben drängt, ans Tageslicht und an die Luft. Aber das war nicht so. Ganz vorsichtig sind die ersten zum Durchgang und sind durchgestiegen. Wir haben gewartet. Man hat nur gehört, wie sich die Schritte langsam entfernten. Das waren die

Mutigsten. Wir anderen warteten. Aber diese Mutigen sind gleich darauf wieder zurückgekommen und haben gesagt, dass der Weg nach oben versperrt ist. Alles voller Schutt, alles voller Trümmer. Erst haben wir gedacht, dass wir lebendig begraben sind. Doch das war nur ein Moment. Wir waren ja in der Kanalisation, es würde sich schon ein Ausweg finden.

Es erstaunt mich noch heute, mit welchem Überlebenswillen der Mensch von der Natur ausgestattet wurde. Wir sind dann los, über Leitern und Schrägen, über Stufen und so. Oft sind wir durch die Scheiße von Dresden gewatet, ausgerutscht im Schlick. Wir haben lange gebraucht und manche haben schon geglaubt, dass es gar keinen Aufstieg aus der Erde mehr gibt und dass man uns in die Steinzeit zurückgebombt hätte. Also, dass wir jetzt Höhlenmenschen werden. Das ist natürlich übertrieben, aber nach so viel Angst und Aufregung, da hat man schon solche Gedanken. Das ist ganz komisch. Manche haben auch bei jeder Bombe in der Nähe laut gelacht. Das waren die Nerven der Leute. Manche haben auch geglaubt, an der Lautstärke und der Vibration zu erkennen, wo die Bombe eingeschlagen hat.

Aber am Ende haben wir einen Weg zurück an die Oberfläche gefunden. Es war strahlend hell, als wir aus dem Bauch der Erde herauskamen. Wir blinzelten in die Sonne, die Luft war kalt und klar und nach all dem Staub unter der Erde brannte die frische Luft in unseren Kehlen. Wir standen in einer richtigen Mondlandschaft. Wirklich wahr: Wir standen mitten in Dresden und wussten nicht im Entferntesten, wo wir gerade waren. Um uns herum nur ein endloses Meer aus Ruinen. Wir fragten andere Leute, welche Straße das gewesen sein mag, und so fanden wir langsam den Weg zu unserer Wohnung zurück. Wir kletterten über Berge, die gestern noch Häuser gewesen waren. Wir kamen an Bränden vorbei, die keiner löschen wollte oder konnte, und überall lagen die Leichen auf den Straßen und in den Hausnischen. Das waren die armen Schweine, die keinen Platz im Bunker gefunden hatten. Die hatten die Bomber erwischt, der Feuersturm, und viele Verletzte dann wohl am Schluss auch die Kälte. Es kam ja niemand mehr, um ihnen zu helfen. Es konnte ja keiner anderen helfen. Die Leute konnten ja nicht einmal sich selber helfen.

Der größte Schreck kam, als wir in unsere Straße zurück kamen. Da war nichts mehr. Kein Haus, nur noch Steinstümpfe. Wir merkten erst gar nicht, dass wir vor unserem Haus standen. Es war nicht mehr da. Da waren doch erst noch fünf Stockwerke gewesen, nun war da nur noch ein Rumpf. Erst da dachten wir an die Cousine. Die arme Hermine. Ob sie es wohl rechtzeitig in den Keller geschafft hatte mit ihrem vielen Wasser in den Beinen? Wir konnten sie nicht suchen. Wir hätten ja nicht einmal gewusst, wo wir sie suchen sollten. Wir standen vor dem Nichts. Wir hatten keine Bleibe mehr, keine Sachen mehr, wir waren eigentlich wieder so, wie wir auf die Welt gekommen waren. Man fühlte sich irgendwie nackt. Ein komischer Gedanke. Es ist, als ob man gerade erst wieder auf die Welt kommt.

Ich habe dann für uns alle entschieden, dass wir aus Dresden raus mussten. Es war ja nichts mehr da. Es gab ja eigentlich kein Dresden mehr, so wie es uns bekannt gewesen ist. Also machten wir uns auf den Weg. Nach Hause, in den Osten zurück, konnten wir nicht. Da waren ja schon die Russen vor den Toren. Der Westen schien uns zu sehr von den Amis bedroht. Also nach Süden. Wir haben gesagt: „Vielleicht schaffen wir es nach Bayern." Bayern hörte sich an wie Berge, Kühe, Kirchen, und nicht wie Bomber und Krieg.

Wir sind einfach gelaufen, die Kinder an der Hand, den Rucksack auf dem Rücken, immer weiter und weiter. Wir haben gedacht, wenn wir nicht weitergehen, dann holt uns der Krieg ein. Also sind wir immer weiter, bis wir bei Hof von guten Menschen aufgenommen wurden. Das waren hungrige Tage und Nächte in Scheunen bei Bauern, die ein Auge zugedrückt haben. Da gab es Lasterfahrer, die haben uns am Wegrand aufgelesen und ein paar Kilometer weit mitgenommen. Das war von der Führung verboten gewesen, aber es hat dann schon niemanden mehr gekümmert, wie der Tagesbefehl lautete und welches Gesetz da wohl Anwendung finden würde. Das war aber nicht die Auflösung der staatlichen Ordnung, das war für uns die Wiedergeburt der Menschlichkeit. In kleinstem Rahmen merkten wir, dass die Deutschen doch noch Herz und Verstand hatten.

In Bayern wussten wir von einem Großonkel in der Nähe von Hof, mitten auf dem Land. Wir hatten uns durchgefragt, wir hatten ja keine Karte. Da standen wir dann in der Nacht vor der Türe und wussten nicht, ob wir klopfen sollten oder was wir ihm sagen wollten. Wir konnten uns ja nicht ankündigen. Uns war ganz anders vor Angst, wie er uns wohl behandeln würde.

Die Kleine hat dann geklopft und die Türe ging nur einen Spalt auf, und die Kleine hat gesagt: „Onkel, hier sind wir!" Ich hab dann gerufen: „Die Waltraud, die Tochter vom Horst!" Und der Onkel hat erst eine ganze Zeitlang nur gestarrt, auf die dreckige und zerlumpte Verwandtschaft in der Nacht vor seiner Türe, und dann hat er geweint und uns hereingebeten. Er hatte Essen für uns, er hatte ein heißes Bad. Die Tante hat das Sofa hergerichtet und die Gästebetten für die Kinder. Ja, der war gut zu uns. Wir sind bis zum Ende des Krieges geblieben. Und der Onkel ist uns näher gewesen als die Verwandtschaft, die im Osten geblieben ist, obwohl wir ihn vorher noch nie gesehen hatten.
Die Cousine hat niemand mehr gesehen, sie wird wohl in der Feuernacht umgekommen sein.

18.
„Was ich nicht wusste: Am nächsten Tag war ich schon zur Witwe geworden."
Heidelinde Z., Jahrgang 1919, Leipzig.

Das war eine ganz schlimme und verrückte Zeit, damals, das Dritte Reich. Erst waren viele, ja eigentlich alle voll neuer Hoffnung, als die Nazis an die Macht kamen. Wir hatten ja den Krieg *(sc. den Ersten Weltkrieg)* und die Inflation nur mit großer Mühe hinter uns gebracht. Wir sehnten uns entsprechend alle nach besseren Zeiten, egal wie. Da kamen das Gerede und die großen Reden, die die Nazis machten, bei vielen Leuten gut an. Das häufte sich richtig, man wurde regelrecht zugeredet. Man hatte von den Nazis dann so einen hoffnungsvollen, großdeutschen Geist eingeimpft bekommen.

Es herrschte eine Aufbruchsstimmung, ein Wir-Sind-Ein-Volk-Gefühl. Man konnte das spüren, wenn man den Reden zuhörte, oder die Wochenschau anschaute. Man hat sich angesehen und gedacht: „Jawohl, endlich kommt einer, der uns Deutsche zusammenbringt." Wir bei uns zu Hause glaubten: Jetzt ist einer an der Macht, der alles schaffen kann; einer, dem kein Gegner gewachsen ist. Das hat nach all den Niederlagen, den Entbehrungen und den erlittenen Demütigungen sehr vielen Menschen gut getan. Und ihnen neuen Mut gemacht. Da war eigentlich kein Platz mehr für die Schlechtreder und Meckerer. Ganz im Gegenteil, wer etwas zu meckern hatte, dem ging es ganz schnell schlecht.

Mein damaliger Verlobter, der hat immer gesagt: „Die Zauderer, die Jammerer, die soll der Teufel holen! Wir brauchen jetzt Mitmacher, wir brauchen Leute, die an unsere Sache glauben." Er war immer für klare Verhältnisse.

Als er dann schon an der Front war, hat er alles in die Wege geleitet, damit wir verheiratet werden. Er hat immer gesagt: „Heidilein, ordentliche Verhältnisse sind das A und O; gerade in Zeiten, wo es auf jeden Einzelnen ankommt." Damit unser Verhältnis auf sauberen Fundamenten ruht, wurden wir mit einer Ferntrauung getraut. Das gab es wirklich! Glauben Sie nicht? Ist aber so!

Frau und Mann traten zur selben Zeit vor den Traualtar, aber an unterschiedlichen Orten. Damit konnte man auch an der Front heiraten, ohne erst viele hundert Kilometer auf Heimaturlaub gehen zu müssen. Das haben wir gemacht. Damit waren wir rechtsgültig verheiratet. Mein guter Mann hat noch gescherzt, dass ich ja dann Witwenrente bekäme, wenn er denn in Russland bleiben würde.

Ich saß mit meiner Mutti und dem Vati und seiner Mutti und Vati in der Heimat, in Reudnitz, so richtig im weißen Kleid, und habe die Hochzeitstorte angeschnitten. Die hatte an der Seite lauter kleine Marzipan-Hakenkreuze. Das war nur für meinen Mann, also für das Foto. Die hat der Vati als erstes gleich gegessen, damit er sich die Hakenkreuze nicht immer ansehen muss. Es sollte ja eine richtige Hochzeit sein. Kaffee gab es, den hatte die Tante noch daheim gehabt, richtigen Kaffee, keinen Muckefuck. Mein Schwager hat einen Walzer auf dem Grammophon abgespielt und mir in seinem Namen den ersten Tanz angeboten.

Mein Mann aber, der hat irgendwo an der Front angestoßen mit seinen Kameraden, mit Schnaps. Ich habe in der Heimat mit den Eltern und Schwiegereltern angestoßen, mit einem Glas Sekt. Ich hatte sogar einen Ehering bekommen.

Was ich nicht wusste: Am nächsten Tag war ich schon zur Witwe geworden. Mein frisch angetrauter Ehemann hatte sich freiwillig zu einem Fronteinsatz gemeldet – ich sage immer „zur Feier des Tages" – und war dabei schwer verwundet worden. Er starb noch in der Nacht. Ich war völlig ahnungslos, habe mich auf den ersten Fronturlaub gefreut, gehofft, dass ich da vielleicht schwanger werden könnte. So dumm ist man, wenn man verliebt ist.

Dass er gefallen ist, das habe ich ja erst Wochen später erfahren, als die Meldung mit der Post kam. Ich hatte es besser als viele andere, weil ich später sogar ein Bild von seinem Soldatengrab bekam. Viele andere Frauen, deren Männer vermisst sind, haben ja gar keine Ahnung, wo ihr Mann denn nun liegt. Von vielen ist ja nichts mehr zum begraben übrig, weil die Granatentreffer den Soldaten in Fetzen reißen. Den Rest, den holen dann die Ratten. Das finde ich besonders schrekklich für die Hinterbliebenen, aber für den Soldaten ist das vielleicht besser, als langsam irgendwo im Dreck zu verbluten oder im Lazarett am Wundbrand zu Grunde zu gehen.

Aber Krieg ist nun mal so und jetzt ist ja Frieden und wir werden so schnell keinen Krieg mehr anfangen.

19.

„Mit geschlossenem Mund ist das Leben einfacher."
Wolfgang D., Jahrgang 1906, Nürnberg.

Meine Eltern waren kleine Leute. Wir wohnten gleich hinter der MAN.. Eine kleine Wohnung, zur Miete, zwölf Parteien auf vier Stockwerken. Mein Vater war Arbeiter bei der MAN. Der war ein rechtschaffener Mann, der seinen Lohn nach Hause trug und nicht in die Wirtschaft, wie so manch ein anderer damals. Meine Mutter war sehr still und hat eigentlich nie etwas Lautes gesagt.

Naja, dann kamen die Nazis an die Macht und alle haben ein Riesentamtam darum gemacht. Die über uns, die haben allen, die es hören wollten oder nicht, gesagt, dass jetzt Schluss ist mit der Schmach von Versailles und dass wir Deutsche wieder wer sind. Mein Vater hat genickt, aber nichts dazu gesagt. Er hat sich nie auf etwas eingebildet, er war sich selbst genug. Den Schnaps hat er mit denen über uns nur aus Höflichkeit getrunken, er hat sich ja nichts aus Schnaps gemacht. Das Gerede von den Goldenen Zeiten, die nun angebrochen sind, das hat er auch nicht geglaubt. Er hat gesagt, dass er keine goldene Zeit braucht, sondern nur seine Ruhe haben will.

Die anderen waren ganz Feuer und Flamme für die Nazis. Aber für uns, für unsere Familie, da hat sich eigentlich nichts geändert wegen den Nazis. Mein Vater ist ganz normal weiter zur Arbeit gegangen, wie immer.

Er ist dann 1938 in Pension gegangen und von da an ist er nur noch zu Hause rumgesessen und hat aus dem Fenster geschaut. Er hatte ein Kissen auf der Fensterbank und da stand er mit den Armen drauf verschränkt und angelehnt und hat zugeschaut, was auf der Straße so passiert. Meine Mutter hat das nicht gemocht, aber sie hat nichts gesagt. Sie hatte es, glaube ich, lieber, als mein Vater noch tagsüber in der Arbeit war. Einmal hat er gesehen, wie zwei Männer gegenüber einen roten Stern an die Wand gemalt haben, aber er hat das nicht gemeldet. Mein Vater hat gesagt: „Wenn ich das melde, dann kriegen wir bloß Schwierigkeiten. Das lasse ich lieber." Sein Motto war: „Mit geschlossenem Mund ist das Leben einfacher."

Im Krieg dann später hatte ich Glück, ich war ja kurzsichtig, blind wie ein Maulwurf, hahaha. Da haben sie mich erst ganz lange nur in die Verwaltung gesteckt. Ich hätte ja niemand getroffen, also mit dem Gewehr, weil ich doch nichts gesehen habe. Ich habe also die Uniformen ausgegeben und habe immer sorgsam darauf geachtet, dass jeder die richtige Größe bekommt, damit keiner sagen kann: Da schau, die depperte Blindschleiche, die gibt mir die falsche Größe! Dafür gab es natürlich keinen Orden und schon gar kein Ritterkreuz, aber dafür war es bei mir in der Kleiderkammer auch nicht gefährlich. Nur einmal hat der Brite uns bombardiert, aber wir waren im Bunker und getroffen hat der blöde Engländer sowieso nichts. Die haben sich ja nur etwas getraut, wenn sie ihre amerikanischen Freunde dabei hatten.

Ganz am Schluss vom Krieg, da sollte ich doch noch helfen mit einer Flakstellung, da sollte ich dann Volkssturm spielen. So eine SS-Eminenz hat mir ein paar Buben mitgegeben, richtige Kinder, und wir sollten Nürnberg verteidigen. Ich konnte aber auch mit Brille nicht sehen, wenn der Feind kommt, und bis wir uns versehen haben, war der Ami schon da und wir haben alle lieber die Hände hoch gemacht, als die Helden zu spielen. Die Amis waren sauer wegen den Kindern, weil die die beinahe für Soldaten gehalten hätten und geschossen hätten. Daher hab ich von den Amerikanern aus Wut ein paar Ohrfeigen bekommen und die Kinder haben die Amis gleich nach Hause geschickt.

Die Amis sind dann zu meinem Vater gekommen und haben ihn mitgenommen. Meine Mutter hat furchtbar Angst gehabt, aber mein Vater hat gesagt: „Mach dir keine Sorgen, ich hab nichts getan; mir kann nichts passieren." So war das dann wirklich auch. Er hat den Amerikanern gesagt, was er gemacht hat und dass er nichts Schlechtes getan hat. Den Amerikanern war das schon klar und deshalb war er auch recht bald wieder daheim. Damit war für uns der ganze Spuk erledigt. Da kann man sehen, dass man am besten durchkommt, wenn man seine Klappe hält und sich nach hinten begibt.

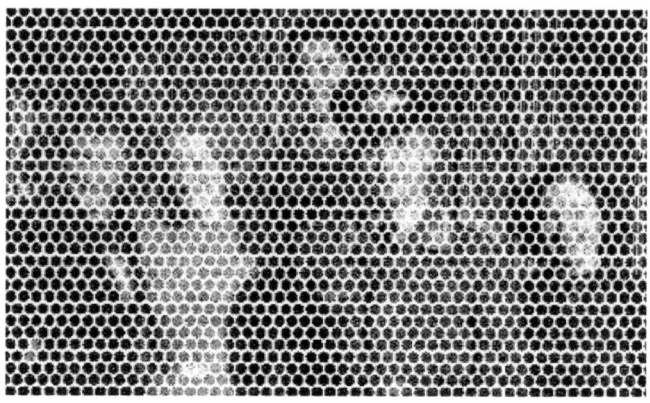

20.

„Das war alles der Ami! Dafür wird er eines Tages bezahlen."

Alfons B., Jahrgang 1908, Nürnberg.

Was hätten wir denn machen sollen, 1933? Das frage ich dich! Jetzt, fünfzig Jahre später, da ist natürlich jeder schlauer und schimpft mit meiner Generation: „Wie konntet ihr nur? Warum habt ihr denn den Hitler gewählt?" Ich sag es dir, warum: Weil die anderen, das waren nur Streithähne. Bei denen wird wieder nur geredet und es kommt nichts dabei heraus. Das waren keine Politiker, das war eine richtige eigene Bande, die versucht hat, den Staat unter sich auszumachen. Die waren doch alle vom Stamme Nimm! Das ist heute noch so, das wird eines Tages auch wieder ein schlimmes Ende nehmen.

Ich habe mir damals gedacht: Diesen roten Laberköpfen, denen gibst du endlich einen Denkzettel.

78

Die willst du nicht mehr haben. Die reden dein Deutschland nur kaputt. Da habe ich den Hitler gewählt. Mit voller Absicht. Na und? Bin ich deswegen schlechter als andere? Bestimmt nicht. Das haben doch alle gemacht. Alle.

Also der Hitler, der ist doch nur etwas geworden, weil die anderen Parteien sich nicht einig waren. Wenn die nur ein bisschen weniger Ideologie und ein bisschen mehr Politik gemacht hätten, die depperten Sozis und Kommunisten, dann wäre Hitler nie das geworden, was er geworden ist.

Natürlich war vielen klar, dass der Hitler ganz eigene Ideen hat und dass vieles davon zu extrem ist. Aber vielen hat eben auch gefallen, dass endlich einmal aufgeräumt wird, dass der ganze machtgierige Verein da oben die Hosen runter lassen muss. Das hat dem normalen Deutschen gut getan, sage ich dir.

Aber je länger das andauerte mit den Nazis, um so seltsamer kam das vielen vor. Erst waren es die Sozis, dann die Juden, dann sogar einfach nur Leute, die ein paar Witze gemacht haben, die plötzlich verschwunden sind. Da wurde einem schon langsam angst und bang. Es hätte ja mit einem bisschen Pech auch dich treffen können. Das wurde den Menschen auch langsam klar.

Dann ging das mit dem Rationieren los und daran haben sich noch viele vom Ersten Weltkrieg erinnert und da wurde den Leuten schon mulmig. Weil sich die Leute erinnert haben, was der Erste Weltkrieg für ein böses Ende genommen hat für uns Deutsche. Und weil wir gedacht hatten, der Hitler sorgt dafür, dass sich das eben nicht wiederholt. Aber wer hätte da noch etwas dagegen machen können? Wer, sag' mir das! So haben eben alle den Kopf geduckt gehalten und haben gehofft, dass die Hitler-Zeiten möglichst schnell vorbeigehen und dass man unbeschadet durch diese Zeiten kommt. Garantien gab es ja eh für nichts.

Die Nazis haben am Ende niemandem mehr getraut. Da hat der Lehrer die Kinder in der Schule gefragt, ob die sagen können, wo die Ami jetzt schon stehen. Wenn dann ein Kind etwas geantwortet hat, dann kam am Nachmittag beim Kind daheim gleich Besuch und hat gefragt, woher das Kind so etwas wissen kann. Wenn man Glück hatte, haben die nur das Radio mitgenommen, wenn man Pech hatte, musste man selber auch mit und das war meistens ganz übel. Der Nachbar zwei Türen die Straße runter, der hatte vergessen, den Sender wieder auf unseren Fritschi zu drehen, nachdem er den Ami gehört hatte, und sein dummer Sohn hatte sich in der Schule verplappert. Den haben sie für vier Wochen mitgenommen. Als der nach Hause kam, hat er sein Radio aus dem Versteck geholt, im Hof mit einer Axt zertrümmert und getobt und geheult.

So haben die Nazis eigentlich ihre eigenen Leute erst für dumm verkauft und dann richtig vergrault. Von den Ideen und Zielen, vom Volksgedanken und so weiter, da hat schon lange keiner mehr etwas wissen wollen.

Ich war auf dem Balkan im Krieg und das war wirklich kein Zuckerschlecken. Aber immerhin, ich habe es überlebt. Das muss reichen, mehr kann ich nicht verlangen. Ich kann dir sagen: Auf dem Balkan werden die Deutschen noch lange keine Freunde haben. Wie da mit den Menschen umgegangen wurde, was da als Partisanenbekämpfung für Schandtaten befohlen wurden, das ist in Worte gar nicht zu fassen.

Ich kam 1946 heim und Nürnberg gab es praktisch nicht mehr. Durch die Altstadt fuhr eine Trümmerbahn, damit wurde der Schutt abtransportiert. Alles war hin. Aber den ersten Bekannten, den ich treffe, der raunzt mir zu: „Alfons, wir zählen auf dich. Das war alles der Ami. Dafür wird er eines Tages bezahlen."

Man sieht, die Menschen sind wirklich so dumm.

21.
**„Das ist ein wenig wie bei den Geiern,
die zugucken, was der Löwe reißt und sich ihren
Anteil an Fleisch versuchen zu holen."**
Gerda J., Jahrgang 1918, Ruhrgebiet

Das ganze Dritte Reich war ja auf falschen Versprechen begründet, das weiß man heute. Die Nazis haben den Menschen versprochen, es würde ihnen besser gehen. Das ist aber nicht so wie heute, wo jeder unter einem besseren Leben einen Fernseher versteht, sondern „besser ergehen" war damals eher, dass die warmen Mahlzeiten sicher sind und dass man nicht frieren muss.

Anfang der Dreißiger Jahre war ja auf der ganzen Welt eine wirtschaftliche Krise, das darf man nicht vergessen. Die Nazis mussten also nicht viel machen, damit es den Menschen besser ging. Das spielte sich alles auf niedrigem Niveau ab, weil es den Menschen, auf Deutsch gesagt, echt scheiße ging.

Das ist meiner Meinung nach auch einer der Gründe, warum so viele Deutsche bei den Juden einfach weggesehen haben. Auch die angeblich so guten Christen, die sonntags immer in die Kirche gerannt sind. Alle anderen Deutschen haben den Juden ja insgeheim geneidet, dass es denen doch recht gut ging im Vergleich zu den normalen Deutschen. Da war keiner arm bei den Juden, ganz im Gegenteil. Nun, weil der Mensch gierig ist, da schaut er auch mal weg, wenn anderen etwas genommen wird, wenn es Unrecht und Leid gibt. Hauptsache, da wird mehr verteilt. Das ist ein wenig wie bei den Geiern, die zugucken, was der Löwe reißt und sich ihren Anteil am Fleisch versuchen zu holen, wenn der Löwe satt ist.

Am schlimmsten fand ich die Menschen nach den Bombenangriffen. Plündern war ja strengstens verboten und so schlossen sich immer ein paar ganz schlaue Frauen zusammen. Die nannten sich dann „Räumtrupp" und wenn jemand fragte, da suchten sie in den Trümmern nach Verwundeten und auch nach sterblichen Überresten. In Wahrheit aber wussten diese Weibsbilder ganz genau, dass da von dem Haus mit dem Volltreffer keiner mehr am Leben war. Dann wurde der

Schutt vom Haus durchkämmt, und so einiges in Besitz genommen. Und wenn dann ein Blockwart kam oder ein Schutzmann, dann hatten die immer eine Flasche Korn für den dabei und haben den so lange becirct, bis der wirklich geglaubt hat, die Frauen würden da nur helfen.

Die haben dann Töpfe gefunden und Haushaltsgerät, aber auch die Lebensmittel, die noch aufgespart waren, oder Kleidung. Manchmal hing auch noch ein Bild an einer Wand oder etwas Geschirr war heil geblieben. Solche Dinge haben die dann klammheimlich aus dem Schutt geschafft und in irgendwelchen Kellern verschwinden lassen. Als wir einmal bei einem Bombenangriff in einen Luftschutzkeller geflüchtet sind, habe ich in einer Ecke einen ganzen Stapel Ölbilder gesehen. Die waren bestimmt nicht aus dem Mietshaus, unter dem der Luftschutzkeller war.

Diese Plünderer unter dem Mantel der ehrbaren Helferin waren für mich der schlimmste Auswuchs, weil die ihren Gewinn direkt aus Tod und Elend zogen. Ich habe mich immer gefragt, was für Menschen das sein müssen, die so etwas tun, ohne an sich selber zu zweifeln. Mir hat das ganze Dritte Reich gezeigt, zu was Mitmenschen fähig sind, wenn nur ein kleiner Gewinn oder Vorteil für sie herausspringt. Der Mensch ist wirklich die schlimmste Bestie.

22.

„Es hat ihm nichts gemacht, dass ich zuvor mit einem Viertel-Juden verheiratet gewesen war."

Resi T., Jahrgang 1910, München.

Zuerst hat für mich die Machtergreifung kaum eine Bedeutung gehabt. Ich hatte jung geheiratet und mein Mann war zehn Jahre älter als ich. Wir waren eher damit beschäftigt, ein Nest für uns zu bauen, wie man so schön sagt, weil wir ja eine Familie wollten. Die Politik, das ganze braune Getue um uns herum, das haben wir zwar mitbekommen, aber es ist uns nicht viel angegangen. Die große Politik, die ist für die großen Leute, nicht für unsereins.

Dann aber kam die Geschichte mit dem Ariernachweis für meinen Mann, weil er ja Arzt war, und da stellte sich heraus, dass mein Mann kein Arier war.

Meine ganze Familie hat mich dann gedrängt, die Ehe aufzulösen, und ich dumme Gans wusste dann nicht mehr, was ich tun sollte, und schließlich habe ich zugestimmt, obwohl es mir bald das Herz gebrochen hat. Aber alle haben mir gesagt, dass es das einzig Richtige war und dass mein Mann sich das selbst zuzuschreiben hätte, weil er nicht ehrlich zu mir gewesen war. Er hätte mir von Anfang an sagen müssen, dass es in seiner Verwandtschaft Juden gab. Leider eben nicht bloß einen angeheirateten Vetter zweiten Grades. Das war ja die Crux.

Ich habe die Trennung ehrlich gesagt mein ganzes Leben bereut, weil ich ihn doch geliebt habe und er mich auch. Und er war doch kein anderer Mensch als zuvor, als der Ariernachweis noch nicht wichtig war.

Er ist dann aus Deutschland über Nacht weggegangen, er hat mir nicht einmal einen Brief hinterlassen oder irgendetwas, er war einfach fort. Ich weiß nicht, was aus ihm geworden ist. Ich hab oft gebetet, dass es ihm gut geht und dass er mir verzeiht. Er war so ein guter Mann und ich habe das eine Mal auf die Falschen gehört.

Meine Tante hat mich dann mit einem anderen verkuppelt, kurz bevor der Krieg losging. Mit einem Ingenieur, den alle als gute Partie angesehen haben. Damals galt das noch etwas, dieses „eine gute Partie". Das war so ein ganz stiller, der hat nie gelacht, aber er war ein guter Kerl und es hat ihm nichts gemacht, dass ich zuvor mit einem Viertel-Juden verheiratet gewesen war. Das war nämlich damals wirklich ein Makel, wenn man schon mal verheiratet war und noch dazu mit einem Juden. Da musste ich froh sein, wenn mich noch einer wollte. Das haben sie mir alle immer wieder gesagt.

Mein zweiter Mann, der blieb mir nicht lange erhalten. Der ist 1943 in Russland gefallen und gleich auch dort begraben worden, so hieß es zumindest, aber ob das stimmt weiß ich nicht. Irgendwo im Nirgendwo, wie man so sagt. Da hab ich nur ein paar Habseligkeiten von ihm geschickt bekommen, seinen Rasierpinsel und ein paar Fotos. Das war's auch schon.

Ich habe dann meinen dritten Mann erst nach dem Krieg kennengelernt, auf der Arbeit, ein feiner Kerl, auch schon Witwer. Aber wir haben nicht geheiratet. Ich habe immer zu ihm gesagt: „Heiraten bringt mir nur Unglück. Wenn du mich willst, gibt es mich nur ohne Trauschein." Ihm hat das nichts ausgemacht. Er hat immer gesagt: „Die Liebe wartet weder auf den Pfarrer noch aufs Finanzamt." Da waren wir uns immer einig. Er ist vergangenes Jahr gestorben, Darmkrebs, und seitdem bin ich hier im Heim. Hier bin ich nicht so alleine.

23.
„Manchmal gab es ein Leichenmahl, wenn es einen der Großkopferten erwischt hat. Das hat sich finanziell schon gelohnt."
Gundula D., Jahrgang 1902, Nürnberg.

Ich habe noch erlebt, wie die Zeppeline über Nürnberg geflogen sind und wie in der Kaiserstraße in den guten Hotels gefeiert wurde. Vor allem die Faschingsbälle waren legendär. Da ist es schon sehr sündig zugegangen, das war schon eine große Nummer. Da hast du als einfache Kellnerin nur ein bisschen lächeln müssen und schon hast du mehr Trinkgeld bekommen, als andere in der Woche verdient haben. Viele haben da auch ein kleines Mitbringsel im November bekommen. Neun Monate später, verstehst du? Aber du hast da auch schon aufpassen müssen, dass dir dann am Heimweg nicht die Braunen nachgegangen sind, weil das für die zu dekadent war.

Ich habe gerne als Bedienung gearbeitet, vor allem, weil halt auch immer ein paar Leckerbissen für uns niedriges Personal übrig geblieben sind. Mir hat das nichts ausgemacht, von einem abgetragenen Teller zu naschen. Das hat doch gerade noch eben jemand anderem gut geschmeckt, warum soll das für mich denn schlecht sein?

Mit der Zeit ist das immer schlimmer geworden und wie der Hitler an die Macht gekommen ist, hat sich das mit der Feierei ganz aufgehört. Da gab es dann nur noch Gerede von Dekadenz und undeutschem Benehmen. Das war natürlich Quatsch, weil jeder gerne feiert und die Leute Unterhaltung brauchen.

In unserem Haus ist der Hitler gern abgestiegen, wie er in Nürnberg war. Unser Direktor, der hat immer gesagt: „Wenn der Hitler nach Nürnberg kommt, dann bleibt er bei uns, weil wir ein anständiges Haus sind. Wir sind das erste Haus am Platze." Der hat sich mit dem Hitler gut gestellt und wir mussten immer schauen, dass wir alles zur Zufriedenheit erledigt haben, sonst bekam man Ärger.

Einmal hat ein Page einen Koffer auf Hitlers Brille gestellt. Die war hinüber. Das Glas zersplittert, der Rahmen verbogen. Da ist der Page mit der kaputten Brille losgerast und hat die mit neuem Glas richten lassen und hat die Brille ohne etwas zu sagen wieder hingelegt. Aber die wussten beim Reparieren die Brillenstärke von Hitlers Augen ja nicht, da muss sich der Hitler ganz schön gewundert haben, wie später er die wieder aufgesetzt hat. Dem Pagen ist der Allerwerteste echt auf Grundeis gegangen.

Ich habe auch in der Nazi-Zeit weiter als Bedienung gearbeitet; Kellnerin ist ja ein anständiger Beruf. Bei den Nazis gab's dann nur Versammlungen mit langen Reden und alle haben Bier getrunken und zugestimmt. Sogar den Fasching haben die Nazis braun gemacht, das kann man sich heute gar nicht mehr vorstellen. Besonders gern haben sich die Leute damals über die Juden lustig gemacht, auf den Umzügen. Ich fand es blöd. Wo soll denn da der Witz sein?

Einmal haben die Nazis beim Faschingsball bei uns im Hotel einen rausgeworfen, weil der als Sarotti-Mohr aufgetreten ist. *(Sc. Name einer Schokoladenmarke mit einem Mohrenbuben im Logo).* Da haben alle geschrien: „Einen Neger, den wollen wir nicht. Den wollen wir nicht einmal zum Fasching. Hau bloß ab, du Neger!" Und dann hat er ein paar Schelln gekriegt, obwohl das eigentlich seine Kameraden waren, und saß vor der Tür. Derweil war das ein ganz anständiger Parteigenosse, so einer mit Ehrgeiz und Überzeugung – und der hat eine auf die Goschn gekriegt! Da haben wir vom Personal uns schon gewundert über unsere „ehrbaren Gäste".

So ging das eine ganze Zeit lang. Da gab es alle Schieß lang einen Grund für eine Zusammenkunft; Meistens waren es Geburtstage von irgendwelchen Parteigrößen oder solche, die gerne groß gewesen wären und sich eben so gegeben haben. Die haben halt gedacht: Wenn die wie die Großen auffeiern, dann gehören sie auch zu der Elite dazu. „Adabei" nennt man die Art von Leuten bei uns in Franken.

Ja, und natürlich die Nazi-Parteitage! Da war immer eine Menge los bei uns im Hotel und der Hitler war auch alle Nase lang bei uns, auch als Hotelgast. „Nase lang" darf man ja bald nicht sagen, weil die „langen Nasen" waren ja die Juden.

Das ging für unseren Herrn Direktor gut, bis der Krieg ausgebrochen ist. Dann wurde es immer weniger mit dem Ausgehen und der Feierei. Manchmal gab es ein angeberisches Leichenmahl, wenn es einen der Großkopferten *(sc. Person aus der gehobenen Gesellschaft)* erwischt hat. Das hat sich finanziell schon gelohnt, aber das war eher die Ausnahme. Das waren ja natürlich auch alles keine Beerdigungen von Leuten, die an der Front gefallen sind, sondern von Bombenopfern.

Wir wären dann auch bald Bombenopfer geworden. Im Oktober 1944 haben wir einen Volltreffer kassiert. Ob das die Amerikaner oder die Briten waren, kann ich nicht mehr sagen. Ich hatte jedenfalls eigentlich da an dem Tag die spätere Schicht übernehmen sollen, aber ich hatte mit einer Kollegin getauscht und war daheim. Ich bin schnell in den Bunker und dachte nur an diese Kollegin, ob die das auch schafft in den Bunker, bevor es kracht. Sie hatte kein Glück, sie hat es nicht in den Bunker geschafft, sie hat es an meiner Stelle erwischt. Mich verfolgt das noch heute im Traum – das wäre es eigentlich für mich gewesen, wenn ich da gearbeitet hätte. Lena hieß sie, das Lenchen haben wir sie genannt. Die kam vom Land und war so ein nettes Ding. Zum Glück war sie noch nicht verheiratet.

Ich bin dann zu Verwandten aufs Land, weil auch die Versorgung immer schlechter wurde für die Städter und weil es in der Stadt doch zu gefährlich wurde. Dort am Land, in der Oberpfalz, war der Krieg leichter zu überstehen. Da kamen keine Bomber und am Land, da gab es halt doch immer etwas zu essen. Wir hatten Glück, weil die Verwandtschaft Bauern waren. Wir hatten genug zu essen. Man hat halt dafür auf dem Hof geholfen, wo man konnte. Egal ob Ernte oder Tiere füttern, da hat keiner sich auf die faule Haut gelegt, das wäre nicht gegangen. Zusammenhalt in der Notlage! Das funktioniert bei unserer Familie noch heute. Im Gegenzug durfte man bleiben, und war sicher vor den Bombern.

Wie die Amis gekommen sind, das haben wir zwar mitgekriegt, aber nur weil ein Jeep bei uns vorbeigefahren ist und der Karl, mein Onkel, hat gesagt: „Schau, Gundel, das ist jetzt kein deutscher Kübelwagen mehr, das sind die Amis."

Aber die Amis sind erst acht Tage, nachdem sie im Dorf waren, zu uns auf den Hof gekommen, weil der Hof von meinen Verwandten weiter draußen lag, in einer Senke, etwas versteckt. Das war fast so, als wie wenn die Geschichte uns vergessen hat. Dann haben's uns eine Sau abgenommen und auf dem Hof erschossen, die Blödmänner, und dann war ihnen die Sau zu schwer zu tragen. Also haben die Amis verfügt, dass mein Onkel die gleich schlachten sollte und alles einpacken. Derweil haben die vier Mann am Hof gewartet. Meine Tante, die

Anni, hat ihnen Bier um Bier gebracht und so waren die Amis zufrieden. Die waren sogar so besoffen, dass sie überhaupt nicht gemerkt haben, dass mein Onkel das Beste von der Sau gleich weggepackt hat und den Amis nur des Glumb mitgegeben hat. Weil mein Onkel, das war ein richtig schlauer Bauer.

Nach dem Krieg habe ich wieder als Bedienung gearbeitet, bis ich zu alt geworden bin dafür. Die Maßkrüge und die Tabletts sind mir zu schwer geworden. Da habe ich gewusst: „Gundel, deine Zeit ist vorbei." Da habe ich mich dann zur Ruhe gesetzt. Wenn ich jetzt so auf mein Leben zurückblicke, denke ich, dass ich schon riesiges Glück gehabt habe. Es hätte auch anders ausgehen können.

24.
„Ich hab den Vater geschubst, weil er die Mutter angerührt hat, das blöde Arschloch."
Herrmann L., Jahrgang 1917, Würzburg.

Meine ganze Kindheit und Jugend lang habe ich zugesehen wie mein Vater gelitten hat und wie alle unter meinem Vater gelitten haben. Der war aus dem Krieg heimgekommen, also aus dem Ersten Weltkrieg, und hatte nur noch ein Bein. Das andere Bein hat er erst kurz vor Schluss verloren, im Westen. Das war eine Granate, weil die Franzen *(sc. Franzosen)* auf einen

Konvoi von Verletzten geschossen haben. Da war zwar das Rote Kreuz auf jedem Pferdewagen und die Franzosen, die Lumpen, haben trotzdem drauf geschossen. Mein Vater war Fahrer. Er hat den Verwundeten helfen wollen und dabei hat's ihn erwischt.

Deshalb war der Krieg immer im Gespräch bei uns daheim, vor allem, weil mein Vater doch eigentlich so viel wollte und so wenig machen konnte. Da hat er immer getobt und man musste aufpassen, dass er nicht vor lauter Wut dir eine gepatscht hat. Meinen älteren Bruder, den Karl, den hat er immer als Flasche beschimpft und als Deppen, weil der vom Krieg nichts wissen wollte. Er war ja nur noch ein halber Mensch, mein Vater, das hat er selber gesagt.

Meine Mutter musste als Wäscherin und Näherin das Geld verdienen und so hatten wir nicht viel, von dem wir leben sollten. Meine Eltern waren ja auch einfache Leute. Am Sonntag hat mein Vater seinen Orden poliert und über die Franzosen geschimpft und wehe, einer hat dabei dazwischengeredet. Er hat dann immer ganz wässrige Augen gehabt und hat von mir immer verlangt: „Versprich mir, Herrmannle, wenn's wieder gegen die Franzen geht, dann bist du dabei und rächst mir mein Bein." Ich habe immer „ja" gesagt, weil ich Angst gehabt habe, dass ich sonst eine gepatscht kriege. Aber ich wollte nie in den Krieg. Ich wollte meine Beine behalten, weil ich Fußballer werden wollte.

Wie die Nazis dann an der Macht waren, das hat meinem Vater gefallen, das ganze Gerede von Zucht und Ordnung und dass seine blöde „Schmach von Versailles" getilgt werden wird. Da hat er Radio gehört und wenn die Rede vorbei war, hat er auf den Tisch gehaut und gebrüllt: „Jawoll, jetzt werden wir es der Welt schon zeigen." Für meinen Vater stand von Anfang fest, dass die Deutschen mit Hitler an der Spitze Frankreich „eine ordentliche Lektion erteilen werden", wie er immer gesagt hat. Meine Mutter war da immer ganz blass und hat gesagt: „Alles, bloß nicht noch einen Krieg! Der letzte hat uns schon ein Bein gekostet." Das hat sie aber nicht laut gesagt, sonst hätte ihr mein Vater wohl mal wieder eine gelangt.

Mit dem Karl war es nicht besser, der war beim Schuckert und hat fleißig gearbeitet und das Geld meiner Mutter gegeben, weil er ja noch bei uns gewohnt hat. Doch mein Vater hat immer behauptet, der Karl zweige Geld ab und trage es ins Wirtshaus. Dabei hat der Karl nie getrunken. Der hat immer alles für uns getan, was er konnte, vor allem für die Mutter, und er war immer der, der von meinem Vater am meisten abbekommen hat.

Es ist dann mit meinem Vater immer schlimmer geworden, je länger die Nazis die Regierung gestellt haben. Er saß da in seinem Sessel und hat stundenlang über die ganze Welt geschimpft. Wenn man nur in die Nähe kam, hat er mit der Krücke nach einem geschlagen. Egal wen, auch die Mama. Die hat manchmal einen ganz blauen Rücken gehabt. Abends hat sie dann geweint mit dem Karl und gefragt, wo das noch alles enden soll.

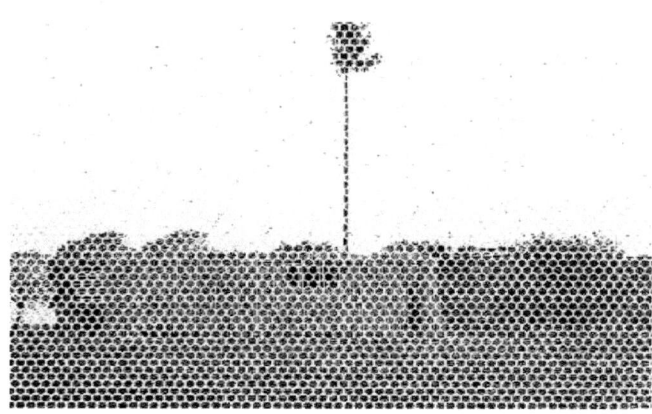

Aber eines Tages, als ich nach Hause kam, da kam mir die Nachbarin entgegen gerannt und hat gerufen: „Jesses na, Hermannle, dein Vater ist tot." Ich bin heimgerannt, so schnell ich konnte, und er lag im Treppenhaus; man hatte schon ein Tuch über ihn gelegt. Er hatte auf's Klo gewollt. Das war damals ja noch einen Treppenabsatz runter bei uns im Haus und nicht in der Wohnung; damals war das oft so, grad bei den einfacheren Leuten. Und da hat er wohl mit der Krücke eine Treppenstufe verpasst und ist gestürzt und hat sich den Hals gebrochen. Das war's! Aber so richtig traurig war in der Familie eigentlich keiner.

Als ich dann zum Barras *(sc. zur Wehrmacht)* musste, kam ich tatsächlich nach Frankreich und ich hatte mir erst vorgenommen, mein Versprechen gegenüber meinem Vater einzulösen und sein verdammtes Bein zu rächen. Ich habe mir das so ausgemalt: Das sollten mindestens hundert Franzenbeine werden, weil ich es meinem Vater ja versprochen hatte. Ich war da auf einmal ganz überzeugt davon. Dann war ich auf Fronturlaub und mein Bruder, der am Balkan war, der war auch da.

Wir haben geredet über dies und jenes und ich habe ihn wirklich gefragt, wie viele Beine die Franzosen hergeben sollen für unseren Vater. Das war mein voller Ernst. Mein Bruder hat mich angeschaut, als ob ich völlig bescheuert bin, mir dann gesagt, dass ich lieber schauen soll, dass ich gesund nach Hause komme: „Da hat die Mutter mehr davon als von einem geschissenen Franzosenbein." Der Vater hat doch von meinem Versprechen gar nichts mehr und ob ich völlig bekloppt sei.

Also habe ich alles getan, um heil nach Hause zu kommen. Ich wurde 1944 gefangen genommen in Nord-Frankreich und kam 1946 nach Hause. Die Amis haben mich nicht schlecht behandelt, nur dünn bin ich geworden. Als ich heim kam, hat meine Mutter mich erst nicht erkannt, weil ich so dünn war und einen Bart hatte. Sie hat mich angeschaut und geweint und gelacht und dann hat sie mich wieder angeschaut und gesagt: „Alles noch dran! Das ist ja schon einmal ein Fortschritt."

Jahre später, das war schon in den Siebzigern, da lag der Karl im Sterben. Der hat Lungenkrebs gehabt und hat mich an sein Bett gerufen, weil er gewusst hat, jetzt geht's mit ihm zu Ende. Er hat gesagt: „Komm, beug dich runter zu mir, ich kann nimmer so laut, ich sag dir zum Abschied was." Ich habe mich runtergebeugt zu ihm, ganz dicht mit meinem Ohr an seinen Lippen, weil er nicht mehr laut reden konnte. Und er hat gelächelt und geflüstert: „Ich hab den Vater geschubst, weil er die Mutter angerührt hat, das blöde Arschloch." Und dann ist mein Bruder gestorben.

25.
„Wir waren gut vorbereitet, zuschlagen zu können, wenn die Polen frech werden."
Ursula B., Jahrgang 1901, Frankfurt.

Hitler war ja Politiker, kein Feldherr. Das muss man sich immer ins Gedächtnis rufen. Er hat es geschafft, dass Deutschland sicher wurde, dass Deutschland fortschrittlich wurde. Im deutschen Reich gab es schon Autobahnen, da sind die anderen Länder noch mit den Pferdefuhrwerken gefahren. Da gab es schon elektrisches Licht auf den Straßen von Berlin, da waren in London aber noch die Gaslampen an. Aber hallo! Der Fortschritt hat sich überall ausgewirkt, es wurde gebaut, es wurde geplant, es gab für alle Arbeit und es gab große Erfolge. Diese Tatsachen werden gerne übersehen.

Die Olympischen Spiele 1936 – das war der große Wurf von Hitler. Da ging es nicht um Ideologie, nicht um Politik, da konnten die Nationen zeigen, wer überlegen war und wer unterlegen war. Das war für uns Deutsche ein einziger Triumph. Das ist keine Propaganda, das hat die Natur so gewollt. Wir sind nun einmal eine überlegene Rasse. Nur im Hüpfen haben die Amerikaner gewonnen. Aber das ist ja auch nur Sport, damit die auch etwas gewinnen können. Ich sage immer noch „Negersport" zu manchen Disziplinen, wie das halt früher auch genannt wurde.

Die Kehrseite war, dass der Erfolg von uns Deutschen vielen anderen Ländern nicht gefallen hat. Frankreich, England, der Osten, das waren damals vergleichsweise rückständige Nationen, die immer nur von ihren Kolonien redeten und von längst vergangenen Tagen. Deutschland war die Zukunft und deshalb haben alle Länder alles getan, damit Deutschland scheitern würde. Ich denke, es war jedem anständigen Deutschen klar, wohin das führen würde. Wir mussten uns darauf vorbereiten, dass die anderen aus Neid und Missgunst eines Tages uns Schaden zufügen würden. Das war klar. Der Franzose war schon immer so und der Engländer auch. Gerade der Engländer, dieses Volk von Dünnbiertrinkern.

Als dann der Krieg ausbrach, hat das doch niemanden mehr überrascht. Wir waren gut vorbereitet, zuschlagen zu können, wenn die Polen frech werden. Den Franzosen war das aber keine Lektion, die mussten ebenfalls erst den Arsch versohlt bekommen, damit sie Ruhe geben.

Etwas anderes war es mit den Russen. Die hätten wir nicht angreifen müssen, aber es war auch klar, dass die eines Tages uns angreifen würden. Die unterschiedlichen Ideologien hie und da machten eine Auseinandersetzung unausweichlich. Wir dachten schon, wir tun der Welt etwas Gutes, indem wir die Kommunisten kleinhalten. Also war es im Grunde genommen doch die richtige Taktik, den Russen gleich zu bekämpfen. Eine Frage der Logik.

Doch Hitler, der ja Politiker war, hat sich viel zu viel bei den Generälen eingemischt, sonst hätten wir die Russen eins, zwei, drei im Sack gehabt. So hat dann der Amerikaner von hinten den Russen mit immer mehr Waffen ausgerüstet, so dass es zu dieser ungerechten Situation kam. Da konnte die Wehrmacht natürlich nicht standhalten und darum haben wir am Schluss verloren.

Aber da war ja auch schon alles zerbombt und in Schutt und Asche. Und wenn wir heute auf die Straße gehen, dann ist das nicht mehr das Deutschland, das wir damals gewollt haben. Viele sagen, wir sind ja jetzt frei, wir sind eine Demokratie und jeder hat die Möglichkeit, sein eigenes Glück zu erreichen. Aber wenn ich mir die armen Leute ansehe, dann haben viel zu wenig Leute das Glück, das sie verdient hätten. Dann habe ich immer noch meine Zweifel, ob die derzeitige Demokratie wirklich so gut für uns Deutsche ist, wie alle behaupten.

26.

**„Sei doch froh, bei denen bist du was,
und hier im Viertel, da giltst du jetzt auch was!"**
Oskar G., Jahrgang 1902, Köln.

Persönlich hatte ich mit der Politik noch nie was am Hut.
Mein Motto war immer „leve un leve lasse" *(sc. leben und leben lassen)*. Ich bin ja aus Köln, und da haben wir einen
Dom, und wir sind da nicht so mit der Politik beschäftigt;
eher lokal, nicht die große weite Welt. Es heißt zwar immer,
dass Köln eine Großstadt sei, aber das ist nicht so. Das ist
eine Kleinstadt, aber mit vielen Einwohnern. So ist das.

Also erst war das gar nichts für mich, das mit der
NSDAP. Aber meine Frau hat immer gesagt: „Mensch
Ossi, das ist eine Arbeiterpartei und du bist doch
Arbeiter. Da kannst du was werden. Mach doch bei denen mit! Sei doch einmal im Leben gescheit!" Damit ist
mein treues Weib mir so lange in den Ohren gelegen,
dass ich eines Tages eben Mitglied bei der NSDAP geworden bin. Ich hab mir das nicht groß angesehen, was
die so machen und so wollen, mir war das eher Wurst.
Wichtig war mir nur dabei zu sein, weil ja die anderen
auch mitgemacht haben. Da werde ich mich doch kaum
vor allen hinstellen und den ganzen Betrieb aufhalten
und erst einmal das Parteiprogramm in aller
Gemütsruhe studieren. Nein, die Blöße habe ich mir
nicht gegeben.

Aber gleich bei der ersten Versammlung haben die
gesagt, dass sie kräftige Männer suchen, und dann haben

die mich gleich auf einen guten Posten gesetzt. Mir war das mit den ganzen Uniformen und den Titeln für jeden Tünnes und Schäl irgendwie nicht ganz geheuer, aber meine Frau, das Lieschen, die hat gesagt: „Sei doch froh! Bei denen bist du was und hier im Viertel, da giltst du jetzt auch was!"

Gewissermaßen hat das schon gestimmt. Da haben dich die Parteigenossen höflich gegrüßt und die Nachbarn auch. Für mich war das eine ganze Zeit lang gar nicht schlecht und mein Lieschen war auch glücklich damit. Das war mir die Hauptsache.

Aber dann ging es los mit dem Leuteschikanieren und Saalschutz und solchen Sachen. Da habe ich einmal einen Stuhl über den Kopf bekommen, noch dazu von einem eigenen Mann, das war mir ja ein schönes Missverständnis! Ein andermal sollten wir einen verkloppen, den ich von der Arbeit kannte und der mir nichts getan hatte. Das wollte ich nicht. Da haben sie mir gesagt: „Das ist ein Kommunist, der hat's verdient!" Und dass ich entweder mit dabei bin oder ob ich gegen die Partei bin. Das war mir alles nicht recht.

Ich habe mich dann noch vor der Wehrpflicht zu den Soldaten begeben, zum Barras, wie das so schön hieß, weil es klar war, dass früher oder später die Einberufung für alle kommt; die Wehrpflicht sagt man ja heute. Ich dachte mir: Oskar, da biste gut beraten, wenn du rechtzeitig hingehst, dann biste dort was, nicht bloß Kanonenfutter. Ich hab's dann bei der Wehrmacht zum Unteroffizier gebracht. Das war zumindest so weit oben in der Rangfolge, dass ich nicht von Anfang an gleich meinen Kopf hinhalten musste, aber ich wusste schon: „Min Jong, dat jeht nit lang joot." *(Sc. Mein Junge, das geht nicht lange gut.)* Man hat mir aber meine lange Parteizugehörigkeit zugutegehalten. Ich war erst in Frankreich, dann in Holland, aber immer in der Etappe. Ich hatte immer Sorge, dass ich doch eines Tages an die Front müsste, und ich bin ja recht groß. Da hätte es mich schnell erwischt, glaube ich.

Ich bin nach Jugoslawien gekommen, auf den Balkan. Da hatte ich schon einigen Bammel, das kannst du wohl sagen. Das waren für uns ja die Wilden. Da gab es ganz schlimme Geschichten über die Jugos *(sc. Jugoslawen)*. Vor allem die Serben mit ihren Messern, die waren gefürchtet. Da hat es immer geheißen: „Die Serben schneiden dir die Gurgel durch." Aber es war eigentlich nicht so schlimm dort, eher ruhig. Wir haben ein Benzinlager bewacht, das war keine große Sache. Natürlich, die Partisanen haben uns genervt, die kamen manchmal in der Nacht. Viel schlimmer war, dass mein Lieschen so weit weg war. Das waren drei lange Jahre, bis ich wieder nach Köln zurück kam.

Naja, wir mussten natürlich einige Male schon recht hart durchgreifen. Es ist ja ein heiden Unterschied, ob du gegen eine Armee kämpfst oder gegen Lumpen, die du gar nicht als Gegner erkennen kannst und die dann wieder sich unter die Zivilisten mischen und untertauchen. Da hat es bei den Strafaktionen sicher auch einige Unschuldige erwischt. Welche, die gar nicht dabei gewesen sind. Aber das haben die Partisanen wohl einfach in Kauf genommen. Wir konnten da ja auch nicht lange nachfragen, ob das jetzt ein Partisanenlump war oder nicht. Das war für manche Leute wirklich ein großes Pech.

Was ich auch nicht verstehen konnte war, dass die Frauen im Kampf einsetzten. Das war das niedrigste Benehmen, was ich mir vorstellen konnte. Das macht kein zivilisiertes Land. Das fiel einem schon schwer, gegen Frauen zu kämpfen. Aber wenn die erst einmal auf einen geschossen haben, dann lernt man schon, dass es da einfach keinen Unterschied mehr gibt.

Ich bin erst auf dem Rückzug 1945 in die Gefangenschaft geraten. Gerade über die Grenze und schon waren die Amerikaner da. „Hands up, mister!" und so. Ich kann ja kein Amerikanisch, aber das habe ich schon verstanden. Aber alles ohne Schläge. Alles sehr anständige Leute. Da gibt es keinen Grund, mich zu beklagen.

Wir haben gleich jeder eine Zigarette bekommen von den Amerikanern und ich habe mitgeraucht, weil ich nicht unhöflich sein wollte. Das hat mir auf den Magen geschlagen, da kann ich mich noch allzu gut daran erinnern. Alle haben gelacht und ich hatte richtig Dünnpfiff.

Ich war nicht einmal ein halbes Jahr in Gefangenschaft, dann kam ich wieder heim. Köln war fürchterlich. Köln war ganz kaputt, kein Stein mehr auf dem anderen – alles zerbombt. Wir Kölner sagen ja immer „et hätt noch immer jot jejange" *(sc. es ist noch immer gut ausgegangen)*. Doch dieses Mal leider nicht.

Da hatten die Amis mit ihren Bombern wirklich ganze Arbeit geleistet. Köln sah aus, wie man sich den Weltuntergang vorstellt. Ich hatte solche Angst, was wohl aus meinem Lieschen geworden ist, und so rannte ich, so schnell ich konnte, die Aachener Straße runter. Nirgendwo stand noch ein Haus, alles im Eimer. Unser Haus war auch weg, aber im Schutt, da stand mein Lieschen wie ein Storch auf einem kleinen Trümmerhügel und wühlte nach Habseligkeiten und halt Sachen, die sie noch verwenden könnte. Sie hat mich erst nicht erkannt, nur angestarrt, und dann hat sie gesagt: „Oskar, bist du das wirklich?" Dann liefen uns beiden die Tränen runter. So blöde das jetzt klingen mag, da, in all dem Schutt und Elend, waren wir für einen Moment die glücklichsten Menschen der Welt. Das ist beim Menschen wirklich komisch: Manchmal weint der Mensch, wenn er eigentlich Grund zum Frohsinn hat.

Natürlich hat uns der Krieg zugesetzt, aber ich hatte ja durch die Partei einige Verbindungen. Das war mein Glück. Da gab es Bekannte und Bekannte von Bekannten, und so bekam ich nach dem Krieg einen guten Posten bei der Stadt zugeschanzt. Es musste ja alles wieder aufgebaut werden. Da war wirklich eine Menge Arbeit zu erledigen.

27.

„Ich kenne Sie noch, Sie waren doch immer ein Roter!"

Leonhardt „Loni" M., Jahrgang 1906, Schwabach.

Ich hatte es im Dritten Reich sehr schwer. Ich war bei den Sozialdemokraten, habe dort wirklich viel für unsere Partei gemacht und deshalb hatten mich die Nazis von Anfang an auf ihrer Liste. Die Schikanen begannen schon sehr früh. Schmierereien auf der Haustüre: „Verräter", „Rote Sau", „Sozi-Schwein" und dergleichen. Eingeschmissene Fensterscheiben. Der Nachhauseweg war oft gefährlich, besonders in der Nacht. Da haben die mir aufgelauert und mich zusammengeschlagen.

Meistens waren es Schläger aus anderen Orten. Aber ein paar Mal habe ich die auch erkannt und angesprochen, warum ich verprügelt werde und was ich ihnen denn getan hätte. Da gab es nie eine Antwort, sondern nur noch mehr Schläge.

Ich habe dann das ganze Politische aufgegeben. Das nennt man heute ganz vornehm „inneres Exil", aber ich war einfach nur zu feige, immer noch weiterzumachen, wo doch klar war, dass für die Sozialisten nichts mehr zu machen ist. Ich wollte weiterleben. Ich kannte nämlich einige, die trotzdem weitergemacht haben. Die sind dann nach Dachau gekommen und die sind alle nicht wieder heim gekommen.

Ich habe mich aber nie den Nazis angeschlossen, ich war nie in der Partei und im Krieg haben die mich dann an die Ostfront geschickt mit lauter anderen „Unzuverlässigen". Wir mussten uns mit Deserteuren herumplagen, Knüppelbrücken durch die Sümpfe legen, Minen räumen – lauter Aufgaben, die man denen gibt, bei denen es wurscht ist, was aus ihnen wird. Ich hab mir oft gedacht: „Den nächsten Tag, den siehst du nicht mehr." Aber ich hatte einfach mehr Glück als so viele, viele andere. Manchmal kamen von einem Trupp nicht einmal die Hälfte wieder zurück.

Ich bin dann absichtlich in russische Gefangenschaft geraten und ich dachte: Das sind doch unsere internationalen Brüder; die werden uns doch gut behandeln. Aber die haben mich genauso schlecht behandelt wie jeden x-beliebigen Nazi, obwohl ich denen sogar meine Partei-Mitgliedsnummer sagen konnte. Da sind mir dann drei Zehen am linken Fuß abgefroren; 1948 war das, in Sibirien. Aber ich hab es nicht einmal gemeldet, weil das auch so ausgehen hätte können, dass ich als arbeitsunfähig erschossen werde.

Als ich dann endlich wieder aus der Gefangenschaft zurückgekommen bin, bin ich wieder zu den Sozis in die SPD. Ich habe gedacht: Jetzt muss sich etwas ändern! Diese Chance bekommen wir in Deutschland nicht wieder! Aber es war schwer, sehr, sehr schwer, denn in jeder Amtsstube, in jedem Büro, in jedem Gericht, da saßen immer noch die alten Nazis. Einmal hat einer mich erkannt und gesagt: „Ich kenne Sie noch. Sie waren doch ein Roter. Zu mir brauchen Sie gar nicht kommen, wenn Sie etwas wollen. Gehen Sie doch zu Ihren Brüdern in die Zone."

So war das. Das Dritte Reich ist immer noch weiter-gegangen und erst langsam aus den Amtsgebäuden und Rathäusern verschwunden. Es ist aus den Büros hinaus pensioniert worden.

28.
„Vor uns kippte eine Frau mit Kind auf dem Rücken ins Wasser und tauchte nicht mehr auf."
Hedwig M., Jahrgang 1909, Ostpreußen.

Für uns in Königsberg war der Hitler zunächst wie ein Retter erschienen. Endlich einer, der sich um unsere schöne Stadt kümmern möchte. Ich will nicht sagen, dass die Bürger in Königsberg begeistert waren, aber sie waren mehr als zufrieden, dass Königsberg nun Auf-merksamkeit bekam. Zum Beispiel als er 1936 in Königsberg gesprochen hat. Man fühlte sich plötzlich wieder mitten im deutschen Reich und nicht nur am Rande.

Im Krieg haben wir so kräftig gelitten, wie die anderen auch. Königsberg wurde bombardiert und schließlich kam die Rote Armee immer näher. Erst haben wir gedacht, die Eisenbahn wird uns nach Westen schaffen, wenn der Iwan da ist. Wir haben erst sehr spät Hab und Gut gepackt, weil wir Leute ganz im Osten haben dem Hitler geglaubt, dass er die Russen schon aufhalten wird. Es ging gar nicht in unsere Köpfe, dass der Iwan uns schlagen könnte.

Irgendwann hat es dann auch dem Letzten gedämmert, dass der Iwan kommt, egal was die da oben in Berlin uns versprechen. Da hat man schon die Geschütze gehört, da hat man schon die Gerüchte gehört, was der Iwan mit den Frauen macht. Also haben wir auch beschlossen, abzuhauen. Nichts wie weg, nicht wahr?

Aber wir waren schon zu spät dran, es ging kein Zug mehr raus. Die Gleise waren schon zerbombt. Wir wussten nicht, was wir tun sollten. Zu bleiben wäre der sichere Tod, aber wie sollten wir fort kommen? Es war doch tiefster Winter! Dann haben einige Leute davon gesprochen, dass der Winter unser Glück wäre, daß man doch den Russen über das Haff entkommen könnte. Das wäre doch zugefroren, weil es doch schon seit Wochen so kalt war, das müsste gehen. Manche hätten es schon gewagt und wären durchgekommen. Wir dachten nicht lange nach, sondern sammelten unsere Kinder und unsere Alten und unsere Habseligkeiten und machten los.

Das Haff war tatsächlich zugefroren, das wussten wir. Aber ob wir da gehen konnten? Wir waren sehr erstaunt: Direkt am Ufer waren bereits Tausende von Leuten und es wurde – so ist das immer in Deutschland, erst recht bei Adolf Nazi – geordnet und geleitet und organisiert, damit alles seine Ordnung hat.

Es war ein richtiger Weg über das Eis vorgegeben. Das hatten wohl noch die Pioniere gemacht. Alle paar Meter war ein Tannenzweig in das Eis gesteckt, das war der Weg. Aber man konnte ohnehin den Weg nicht verpassen. Es zog sich ja eine endlose lange Schlage über das Eis. Es waren sehr, sehr viele Menschen auf der Flucht und keiner wagte zu murren. Aber keiner glaubte mehr an eine Wende in der Schlacht gegen die Russen. Alle wollten nur weg.

Man musste vor dem Eis Schlange anstehen, weil die Schupo *(sc. Schutzpolizei)* immer nur im Abstand von fünfzig bis hundert Metern die Wagen über das Eis fahren ließ, damit das Eis nicht bricht. Da war an alles gedacht – sogar ein Pfarrer lief herum und nahm den Leuten die Beichte ab.

Wir waren Fußgänger. Uns haben sie dann gleich umgeleitet. Wir mussten über eine Fahrrinne, die ein Eisbrecher geworfen hatte, hinweg zu einem Fussweg für die Flüchtlinge. Da mussten wir drüber und vor uns kippte eine Frau mit dem Kind auf dem Rücken weg ins Wasser und tauchte einfach nicht mehr auf. Wir standen wie vom Donner gerührt. Keiner sagte ein Wort. Keiner machte Anstalten, etwas zu tun, zu helfen, zu suchen, nichts.

108

Nun wussten wir, woran wir waren. Es gab nur durchkommen oder sterben. Dann wurde gebetet, leise wurde gesungen. Alles, nur um die Angst vor dem Eis in Zaum zu halten. Damit man nicht einfach schreiend auf das Eis hinaus rannte. Es war zum Verrücktwerden. Es war fast ganz dunkel, nur die grünen Taschenlampen von den Helfern der Wehrmacht und der Schupo gaben uns vor, wo wir hingehen sollten.

Dann kam Schnee auf und wir waren mitten draußen auf dem Eis. Es ging nicht weiter. Der Zug kam ins Stocken. Es war zu kalt, um weiterzugehen. Wir haben uns nur zusammengekauert und gehofft, dass die Nacht einfach vorübergeht. So dauerte das fast bis zum Morgen. Sturm und eisige Kälte.

Aber in der Nacht war der Russe schon wieder weiter vorgerückt und unsere, tja, die Unsrigen, die konnten ihn nicht aufhalten. Sobald es hell war, schoss der Russe mit allem, was er hatte, auf das Eis und das Eis brach und wir sahen, wie die Wagen und die Leute auf den Wagen ins Eis einbrachen, oder wie die Wagen getroffen wurden und die Leute mit explodierten. Dann kamen die Tiefflieger und alle haben sich hingeworfen; und die haben mit ihren Bordgewehren auf die Leute geschossen, die da auf dem Eis waren. Die Leute hatten ja keinen Schutz und die paar Soldaten konnten auch nichts ausrichten.

Immer wenn der Flieger weg war, sind alle aufgestanden und losgerannt, weil es ja nichts gab, was unsereins geschützt hätte. Jedesmal sind ein paar liegen geblieben. Es war schrecklich. In den Bombenlöchern im Eis trieben die toten Leute und tote Pferde. Die Verwundeten schrien, aber keiner konnte sich um mehr kümmern als sich selbst. Da standen Kinder neben toten Müttern und keiner kümmerte sich um sie. Da zogen Leute an Habseligkeiten, die schon halb versunken waren, als ob es nichts Wichtigeres gäbe, als ein Brautkleid oder eine Fotokamera zu retten. Es war, als sei die ganze Welt verrückt geworden.

Eigentlich waren das ja keine zwanzig Kilometer, die wir schaffen mussten, aber es erschien uns unschaffbar weit. Wir brauchten fast zwei Tage, und was wir da gesehen haben, war für ein Menschenleben eigentlich zu viel.
Ich glaube Politikern seitdem nichts mehr. Ich war so blöd und habe geglaubt, dass der Russe nie zu uns kommt, und ich habe gesehen was passiert, wenn man Politikern glaubt: Man ist verlassen. Ich hätte das eigentlich mit meinem Leben bezahlen sollen, aber ich habe immer gesagt: „Gott hat mich noch nicht gewollt, weil der Himmel an dem Tag schon voll war." Man kann sich das Leid gar nicht vorstellen.

Ich wollte dann nicht mehr zu den Landsmannschaften nach dem Krieg. Ich wollte auch nie zurück nach Ostpreußen und sehen, wie unser Land kaputtgerusst worden ist. Die haben ja doch nur alles kaputt gemacht. Das sind doch ganz primitive Leute. Ich wollte das alles nur vergessen.

Mein Mann hat mich 1948 wiedergefunden, damals schon in Hannover, wo ich als Haushälterin bei einem

Tuchhändler angestellt war. Das Rote Kreuz hat uns wieder zusammengeführt. Wir sind dann nach Bayern, weil es dort so etwas wie eine heile Welt gab, und das hat mir meinen Verstand gerettet. In Hannover war ja auch alles kaputt und das hat mich jeden Tag an den Krieg erinnert. Ich sag Ihnen: Noch heute, wenn jemand sagt, der Hitler hat doch auch etwas Gutes gehabt, dann steh ich auf und geh. Ich kann das alles nicht ertragen. Noch heute nicht, auch wenn das vierzig Jahre her sind.

29.
„Wenn das gut für uns Deutsche ist, dann bist du dabei."
Georg T., Jahrgang 1899, Nürnberg.

Man darf das heute eigentlich gar nicht sagen, wie es wirklich war. Ist doch so! Wahrheit ist doch nur das, was der Sieger erlaubt. Aber ich sag es trotzdem, weil mir nichts mehr passieren kann, außer dass die vom Heim mich entmündigen lassen. Sollen sie doch, wenn es ihnen gefällt; mir ist das Wurst. Dann habe ich wenigstens Narrenfreiheit. Wenn die mich entmündigen, krieg ich trotzdem jeden Tag mein Essen. Umbringen werden die mich hier schon nicht.

Ich war schon ganz früh in der Partei, weil ich von Anfang an verstanden habe, worum es dem Hitler geht. Er wollte doch nichts anderes, als dass es den Deutschen im deutschen Reich gut geht. Nicht mehr und nicht weniger. Das ist eigentlich ein Grundsatz, etwas, was ich mir von jedem sogenannten Politiker erwarten kann. Da habe ich mir gesagt: Schorsch, wenn das gut für uns Deutsche ist, dann bist du dabei!

Natürlich ist das heute in der Politik nicht so, ganz im Gegenteil! Schauen Sie sich doch um, junger Mann. Da machen heutzutage unsere Politiker vor den Besatzern ihren Diener und haben alles Mögliche, was weiß ich, im Sinn: ihren eigenen Vorteil, ein dickes Bankkonto, ihr Parteibuch, und so weiter, aber ganz bestimmt nicht das Wohl des deutschen Volkes. Damals, ab ´33, war das aber was ganz anderes. Bei der NSDAP stand das Volkswohl ganz groß im Vordergrund. Das war eine ganz andere Sache! Das unterschreibe ich Ihnen jeden Tag, wenn es sein muss.

Jedes kleine Kind weiss ja, dass das Wohl des einen das Wehe des anderen sein wird und dass es in der Geschichte schon immer hieß: Die oder ich! Das steht ja schon in der Bibel. Da sind die Juden bei Jericho eingefallen, die Ägypter hat das Tote Meer verschlungen, Goliath hat David auf dem Gewissen *(sc. nach der Bibel hat David den Goliath mit einer Schleuder besiegt)*. Und lauter solche Sachen. Das ist doch nichts Neues. Die Menschheit hat sich schon immer verbessert und immer auf Kosten anderer. Das ist eben so: Friß oder stirb! Du oder ich! Etwas anderes ist doch nie der Fall gewesen.

Die Amis und die Russen brauchen nicht so zu tun, als ob das eine deutsche Eigenschaft wäre. Das ist bei de-

112

nen doch ganz genau so. Der Russe hat doch sein eigenes Volk verhungern lassen und jeden, der gegen die Kommunisten, gegen diese Brut, war, auch. Das waren nicht nur ein paar oder ein paar Tausend, das waren Millionen! Und danach fragt kein Mensch. Natürlich nicht, weil man den Siegern keine bösen Fragen stellen darf. Die sollen mir, bittschön, nicht kommen und sagen, die Deutschen hätten das als erste oder als einzige gemacht.

Ich sage also: Was soll jemand machen, ein Politiker, der uns Deutsche in den Mittelpunkt stellt? Soll er an der Haustüre von den anderen Ländern betteln gehen, soll er sich schwach geben? Nein, er gibt sich natürlich stark und nimmt sich, was er braucht. Das ist ein Naturgesetz: Der Stärkere überlebt, das Schwache verschwindet. Darwin hat das schon gesagt und der Darwin war kein Nazi, sondern Engländer.

Ja, genau, und dann kommen die Leute immer mit den „Opfern des Dritten Reiches", mit den Verlusten in den eigenen Reihen und mit den Verlusten der Gegenseite. Das ist aber eben Krieg! Das muss ich hinnehmen und sagen: „Ja, diese Verluste gibt es, aber das ist eben so. Das ist Krieg! Und wenn wir gewonnen hätten, hätte kein Hahn danach gekräht."

Aber heute, da muss man sich das alles von den Drückebergern und dem Ausland vorwerfen lassen als Deutscher. Ich schäme mich nicht. Wofür auch? Da kommen die sogenannten ehemaligen Nachbarländer und wollen eine Entschädigung. Ich würde denen nichts geben, weil die uns auch nichts schenken würden.

Also, junger Mann, lassen Sie sich nichts einreden von all den Deutschlandhassern und den Friedensengeln. Wir Deutsche sind kein schlechtes Land und wir haben nur das getan, was seit Jahrhunderten getan wird und was die Natur uns in die Wiege gelegt hat. Jetzt sag ich nichts mehr, denken Sie einfach einmal nach! Ich weiß, dass ich Recht habe.

30.
„Hat man da was davon, dass man tot ist und bewundert wird?"
Antonia R., Jahrgang 1909, Nürnberg.

Ja, Gott, was soll ich da schon erzählen? Dazu gibt es eigentlich nicht viel zu sagen. Dazu ist schon so viel gesagt worden. Ich bin überrascht, dass du mich dazu frägst.

Ich habe das Dritte Reich überstanden wie die meisten anderen auch. Ich habe meine Klappe gehalten und nur soweit mitgemacht, wie ich nicht aufgefallen bin, und habe gehofft, dass alles bald vorbeigeht. Das war eine schlimme Zeit, aber bei mir hat einfach der Überlebensdrang alles andere kurz gehalten. Alles, auch mein Gewissen.

Heutzutage redet sich jeder leicht daher, warum denn damals keiner den Mund gegen Hitler aufgemacht hat, warum keiner Widerstand geleistet hat. Als ob man da eine große Wahl gehabt hätte! Die paar Leute, die gegen

Hitler etwas gesagt haben, die stehen heute in den Geschichtsbüchern. Wenn überhaupt. Aber was hat es ihnen genutzt? Nichts. Die sind nämlich alle mausetot. Von denen hat keiner seine eigene Zivilcourage überlebt. Hat man da was davon, dass man tot ist und bewundert wird? Nein, sage ich, da hat man gar nichts davon!

Ich will dir sagen, warum keiner seinen Mund aufgemacht hat: Weil jeder gerne weiterleben wollte, deswegen. Man sagt ja immer „Klappe zu, Affe tot." Aber damals war es genau andersherum: „Klappe auf, Affe tot." Also hat ein jeder lieber seine Klappe gehalten. Egal, was da wieder für schlimme Sachen gelaufen sind, die Juden und so.

Das Sicherste war doch, seinen Mund zu halten, wegzuschauen und zu hoffen, dass du nicht der Nächste bist. Menschliche Größe ist das nicht und Orden gibt's auch keine dafür, aber was hätte man denn machen sollen? Man will doch weiterleben, so lange es geht. Das kann man doch niemandem vorwerfen!

31.
„Es musste doch klar sein, dass ein Sieg völlig ausgeschlossen ist."
August N., Jahrgang 1899, Ruhrgebiet.

Ich habe mir nichts vorzuwerfen. Ich lasse mir da wegen dem Dritten Reich auch nichts nachsagen, schon gleich drei Mal nicht von so jungen Hüpfern, die nicht dabei waren. Die haben doch keine Ahnung.

Die Sache ist doch die: Jeder sagt: „Deutschland hat den Krieg verloren. Bumms, aus, fertig ist die Laube." Aber so einfach ist es nicht, weil das, was da in Deutschland während dieser unseligen Zeit passiert ist, das verschwindet ja nicht einfach nach 1945. Das konnten die Siegermächte ja nicht einfach wegzaubern, nicht wahr?

Die Deutschen haben ja bis zuletzt ihre Regierung treu unterstützt. Die haben durchgehalten, obwohl doch jeder wusste, dass es da nichts mehr zu gewinnen gab. Jeder, der nicht völlig blöde war und einmal auf einem Globus nachgesehen hat, wo denn all die Deutschen in der Weltgeschichte herumkämpfen, dem musste doch klar sein, dass ein Sieg völlig ausgeschlossen ist.

Wie viele Soldaten wollten die Braunen denn herzaubern, damit da vom Nordkap bis zu den Pyrenäen und von der Wolga bis nach Afrika genug Hanseln herumstehen und kämpfen? Das kann mir doch keiner weißmachen, dass das irgendwie noch hinhauen würde.

Deshalb kamen die Brüder *(sc. die Führung des Dritten Reiches)* auch mit immer neuen, großen Ideen. Die V1, die V2, die Wunderwaffe – dass ich nicht lache! Aber das haben viele Deutsche damals im Ernst geglaubt. Denen war jede Lüge recht, um sich noch an einen Strohhalm zu klammern. Aber dann kam der 8. Mai und zack war der Krieg vorbei.

Natürlich, die Soldaten waren in Gefangenschaft. Aber man muss sich das mal vor Augen halten: Die Soldaten, die waren noch die harmlosesten, weil die eben ihrem Eid folgen mussten, ob sie wollten oder nicht. Wer nicht pariert hat, der wurde erschossen. Manche sogar noch, als eigentlich alles schon vorbei war, weil sie die weiße Fahne geschwenkt haben.

Das Problem waren die, die in der Heimat saßen und die Reden geglaubt haben und bis zum letzten Tag mitgemacht haben. Zum Beispiel die Frauen in den Waffenfabriken und die freiwilligen Flakhelferinnen. Und die, die die anderen verpfiffen haben, dieses ganze Pack, gerade die! Das hatte zwar gerade sein Reich verloren, aber es war ja immer noch da. Das war das große Problem für die Sieger: Wie erziehst du dieses braune Volk wieder zu normalen Menschen? Das geht ja gar nicht. Deshalb sage ich, dass das Dritte Reich erst dann endet, wenn der letzte Vorkriegs-Deutsche gestorben ist. Frühestens. Merk dir das: Frü-hes-tens!

32.
„Die waren einfach so weit unten, die haben halt nach jeder Hand gegriffen."
Rupprecht R., Jahrgang 1898, Nürnberg.

Was einigen Leuten gefallen hat, das war dieses banale „Einfacher-Arbeiter-Gerede" der Nazis. Da gab es bei uns in der Häuslersiedlung durchaus eine ganze Menge, die sich da angesprochen gefühlt haben. Das waren meistens Leute, die selber nicht viel hatten, außer ihrem Häuschen, und die froh waren, wenn es einen starken Mann gab, der ihnen etwas Mut gemacht hat und der ihnen gesagt hat, dass sie nun jemand sind. Das waren dann auch die Leute, die während der Reichsparteitage Parteitagsbesucher von Auswärts mit heim gebracht haben, damit die nicht in Zelten schlafen sollten. Hinterher war der Ärger groß, wenn die Nachtgäste nicht ein paar Reichsmark für die Verköstigung dagelassen haben oder wenn ein paar Kaffeelöffel gefehlt haben.

Irgendwie war das wohl immer im Hinterkopf bei diesen Leuten: Anderen zu helfen, aber unbedingt selber einen Nutzen daraus zu ziehen.

Man kann es diesen Menschen aber kaum verdenken, denn die hatten ja nicht viel. Für die war jeder Funke Hoffnung schon ein Geschenk des Himmels. Die wären bei jedem mit gerannt, der ihnen etwas versprochen hätte. Ich will gar nicht sagen, dass die besonders dumm waren oder dass die Partei ganz besonders deren Einstellung entsprochen hat. Die waren einfach so weit unten. Die haben halt nach jeder Hand gegriffen, die sie vielleicht ein Stückchen höher ziehen würde.

Aber selbst die haben nach und nach kapiert, dass sie nur Kanonenfutter sind, dass sie nur ausgenutzt werden, egal ob in den Waffenfabriken oder als Gebärmaschinen oder an der Front. Der Goldfasan von der Partei, der macht sich nicht die Hände schmutzig. Der steht nicht da, wo die Kugeln fliegen, und auch nicht, wo die Bombe fällt.

Das haben die meisten aber erst sehr spät verstanden. Leider, leider war es da für die meisten schon zu spät und so mancher Ehemann ist halt nicht mehr nach Hause gekommen. Dann war das Gejammer groß. So sind die Menschen halt. Sie lassen sich ganz einfach einfangen von den Versprechungen.

33.
„Man muss mir nichts über die bösen Russen erzählen; manche deutsche Bauern, die waren keinen Deut besser."
Theodora von G., Jahrgang 1915, Hannover.

Der ganze Spuk dauerte ja zwölf Jahre. In denen wurde alles so gründlich kaputt gemacht, dass ein Überleben kaum noch möglich war, vor allem nicht in den Städten. Man kann sich das heutzutage auch kaum vorstellen: Die Menschen wollten einfach nicht mehr leben. Es war ja nicht abzusehen, wie schnell wir wieder alles aufbauen würden und wieviel besser es uns dann gehen würde.

Es wäre leichter gewesen, nichts wieder aufzubauen und auf der grünen Wiese von vorne anzufangen. Ich habe das am eigenen Leibe gespürt, vor allem in den Hungerwintern gleich nach dem Kriege. Als in Deutsch-

land wirklich so manch einer, der den Krieg überlebt hatte, verhungerte. Das glauben Sie ruhig, das ist nicht übertrieben. Die Mütter ohne Mann, die traf es am schlimmsten. Die hatten keinen, der für sie mit sorgte, nein. Die Männer, die aus dem Kriege zurück gekehrt waren, die waren noch zu etwas nutze, selbst wenn ihnen das Bein oder der Arm fehlte. Sie konnten sich nützlich machen, indem sie sich geduldig anstellten als Platzhalter. Weil, die Männer waren alle verschollen und gefallen, die kamen nicht mehr nach Hause. Da mussten die Mütter los, mit den kleinen Kindern an der Hand und dem Rucksack auf dem Buckel. Und dann sind die zu den Bauern raus auf Land und haben gebettelt.

Die Bauern, das waren aber nicht die netten Menschen mit den roten Backen, die freundlichen Bauern. Nein, das war das schlimmste Pack von allen. Die haben sich ihre Butter, ihr Brot, ihr bisschen Mehl fast in Gold aufwiegen lassen. Geld war ja nichts mehr wert. Die

Leute haben aus den Städten alles aufs Land getragen und gegen Essbares getauscht. Man hat gewusst: Da hockt das feiste Schwein in seinem Bauernhof und hat von allem genug. Aber er nimmt dir deinen Schmuck ab! Nur, weil er Essen hat. Weil er kann, nicht weil er es braucht. Ich habe Bauern in ihrer Stube sitzen sehen wie die Scheichs im Orient: Tausend-und-eine-Nacht-Gestalten! Auf fünf, sechs, ach, auf zehn Teppichen, die sie ertauscht hatten.

Am schlimmsten aber war es für diejenigen, für die Frauen, die irgendwann schlicht und einfach nichts mehr zum Tauschen hatten. Die brauchten doch auch Essen für ihre Kinder und für sich selbst. Die wollten doch auch leben. Also waren sie gezwungen gegen das Letzte zu tauschen, was sie noch hatten – sich selbst. Das haben so viele Bauern nur all zu gerne ausgenutzt. Ich weiß nicht, wie oft ich in eine Stube gekommen bin oder auch nur in eine Scheune, und da kniete eine Mutter, das Kind dazu stand vor der Türe und der Bauer hatte die Hose runter. Für ein Stück Brot, für etwas Butter oder Milch. Grauenhaft! Man muss mir nichts über die bösen Russen erzählen, manche deutsche Bauern, die waren keinen Deut besser. Es gab da keine Moral mehr, diese Bauern hatten das Essen, also hatten sie die Macht. Diese Macht haben so viele Bauern ausgekostet, das möchte man heute bei all den anständigen Katholiken gar nicht mehr für möglich halten.

Wehe aber, wenn die Bauern einen beim Obstklauen oder auf den Feldern bei den Kartoffeln erwischt ha-

121

ben. Die waren da gleich mit dem Knüppel da. Da gab es keine Gnade. Da gab es keine Mitmenschlichkeit. Das waren Unmenschen, wie sie sich keiner ausdenken kann. Die haben dann mit der Flinte sogar auf Leute geschossen, die doch bloß Hunger hatten. Die wollten doch nur auch leben.

Man hat an dieser Zeit sehen können, wie weit die Nazis uns Deutsche damals gebracht haben. Es gab keine Mitmenschen, es gab nur „haben oder nicht sein".

Ich denke mir das jedesmal, wenn die Bauern jammern. Haltet nur euer blödes Maul, ihr Bauern! Wirklich schlecht geht es euch doch sowieso nie!

34.
„Die Menschen haben das alte Deutschland damals einfach satt gehabt."
Margarete J., Jahrgang 1913, Leipzig.

Alles hat seine guten und seine schlechten Seiten, auch die Politik. So ist das nun mal. Das ist das Leben, nicht wahr? Es gibt keinen Sonnenschein ohne Wolken.

Damals, in den braunen Zeiten, da war das auch nicht anders. Die Menschen hatten ja die Wahl gehabt und vor den Wahlen hatten die Politiker die Möglichkeit, dass sie den Menschen zeigen, wie alles besser wird. Die Menschen sind doch zunächst zu überzeugen von dem, was die Politik mit ihnen vorhat. Wenn ich das nicht will, dann wähle ich doch nicht genau den.

So war das also, genau: Wir hatten in Deutschland eine gewählte Regierung und einen vom Volk gewählten Reichstag. Alles völlig legitim. Aber es wurde nicht alles besser, obwohl die Regierung es immer wieder beteuerte und versprach. Im Gegenteil, es wurde damals Anfang der Dreißiger Jahre alles schlechter. Die haben in ihrem Reichstag nur geredet und gestritten und für unsereins kam dabei herzlich wenig heraus.

Da waren die Leute sehr unzufrieden und die hohe Politik, diese machtbesessene Bande, die fanden immer nur neue Ausreden, warum alles schlechter wurde. Mal waren es die Wähler, deren Faulheit alles in die Bredouille brachte, mal hatten die Amerikaner angeblich irgendeine Krise verursacht, die unsereins jetzt ausbaden sollte. Die Menschen haben das alte Deutschland damals einfach satt gehabt.

Da haben sich halt viele Leute gedacht „mit mir nicht mehr!" und haben die NSDAP gewählt. Die war neu und die sprach vielen Menschen aus der Seele. Da waren zwar schon ein paar aggressive Parolen dabei, aber das nimmt man in Kauf. Der Zweck heiligt die Methode.

Das geschah natürlich bei den wenigsten Leuten aus echter Überzeugung, dass die die Nazis gewählt haben. Da hat ernsthaft wohl keiner gedacht, die Nazis machen es besser. Aber viele haben sich gedacht: „Dann haben wir die alten Blutsauger endlich los. Schlimmer wird es schon nicht werden."

Also die etablierte Politik hat ja auch ihren Teil dazu beigetragen, dass die Nazis so groß wurden. Wie? Indem sich die normalen Parteien untereinander gestritten haben, statt zusammen gegen die NSDAP zu stehen. Das hätte gar nicht passieren müssen, dass die Nazis die Macht übernehmen, doch die anderen Parteien waren zu arrogant, um etwas gemeinsam gegen Rechts zu machen.

Man kann sich das heute gar nicht mehr vorstellen: Da zanken sich die Sozis und die KPD um Kleinigkeiten und derweil übernehmen die Nazis die Macht. Das hatten sie nun davon, die hohen Herren aus der Politik. Das ist heute nicht anders. SPD und CSU streiten heutzutage auch und schon sind diese Verrückten von den Grünen da. Das wiederholt sich, egal ob von links oder rechts. Warten Sie es nur ab, da können Sie Gift darauf nehmen.

Die NSDAP hat dann gleich „Schluss damit!" gesagt zu dem ganzen Gequassel. Ich weiss das noch: Die haben den Reichstag als Quasselbude bezeichnet, denn der Reichstag hat denen gar nicht gepasst. Da wurde debattiert, da mussten sich die Nazis gesellschaftlich stellen. Kein Wunder, dass der Reichstag dann abgebrannt ist. Natürlich haben die Nazis gesagt: Das waren die Kommunisten. Und die anderen haben gesagt: Das waren die Nazis. Im Grunde ist das auch schon egal gewesen, weil die anderen Parteien kurz darauf sowieso aus dem Verkehr gezogen wurden. Also bei uns im Freundes- und Bekanntenkreis hat das niemanden gestört. Uns waren diese bürgerlichen Volksredner mit ihren leeren Versprechungen sowieso schon lange zuwider.

Natürlich gab es auch den einen oder anderen Nachbarn und Kollegen, der dann als Mitglied der falschen Partei Schwierigkeiten mit den Braunhemden bekommen hat. Das hat man dann doch nicht gemocht. Das hat einem leid getan, weil da doch einige dabei waren, die waren vielleicht Sozis, aber im Grunde feine Kerle. Bei vielen hat die Vernunft gesiegt und sie haben die Sozis Sozis sein lassen und sind in die Partei *(sc. in die NSDAP)*. Einen kannte ich, einen Schuster, feiner Kerl. Der ist sogar ganz flink in die NSDAP eingetreten. „Auf Schusters Rappen", sage ich immer zum Spaß. Der ist in Russland „vermisst". „Vermisst" klingt gut, aber der ist schon lange hin! Das können Sie mir glauben.

Zu Hause wurde das Thema Politik nicht besprochen. Wir waren ja sechs Kinder gewesen und ich wohnte noch zu Hause: das gute deutsche Mädel, die brave Tochter, die auf die alten Eltern aufpassen sollte. Mein Vater hat immer gesagt: „Das wird nichts mit dem Hitler. Ich hab da ein ganz komisches Gefühl." Tja, und was soll ich sagen, er hat Recht behalten, auch wenn er schon '35 gestorben ist, der wusste das damals schon.

Eigentlich war den meisten Menschen klar, worauf das mit der NSDAP hinausläuft. Da musste man kein Wahrsager sein. Die haben ja nur von Rüstung und dem „Sich-wehren" und solchen Sachen geredet. Es hat doch ein jeder geahnt, dass da ein Krieg kommen wird. Aber keiner hat wohl gewusst, was für eine Riesenkatastrophe das werden sollte.

Zuerst ging ja alles gut. Der Ton war zwar ruppig, aber das Sudetenland und Österreich, die kamen ja mehr oder weniger freiwillig. Da hatte man schon noch das Gefühl, die Nazis sind auf dem richtigen Weg. Und natürlich hat man auch gehofft, dass die Ziele doch ohne Krieg erreicht werden.

Als es dann los ging gegen Polen, da waren schon viele dabei, die das als Chance sahen und nicht als Grund zur Sorge. Es ging ja auch immer vorwärts. Deutschland rückte vor. Die Verluste fielen nicht ins Gewicht. Gegen Frankreich war das dann ähnlich, weil Deutschland ja mit denen aus dem Ersten Weltkrieg noch eine Rechnung offen hatte; da waren dann schon eher die Befürworter zu hören. Vor allem, als es dann mit dem Sieg so schnell ging.

Aber da kam dann auch der erste Gefallenenbrief. Meinen ältesten Bruder hatte es erwischt, bei Dünkirchen. Ich kam heim und der Brief lag auf dem Tisch und die Mutter stand ganz blass daneben und hat nur gesagt: „Ich gebe meine Söhne nicht dem Hitler. Dafür habe ich meine Söhne nicht großgezogen." Sie hat nicht geweint, sie war nur unglaublich verbittert. Als wenn sie damals schon gewusst hätte, dass von ihren Kindern nur zweie von acht den Krieg überleben. Gar nicht auszudenken, was dann gewesen wäre!

Es ging leider so weiter. Vor Weihnachten '41 hatten wir noch zwei Briefe bekommen: Einer meiner Brüder wurde über England abgeschossen, einer kam auf dem Weg nach Norwegen um. Meine Mutter hat das stumm zur Kenntnis genommen. Sie trug ja schon seit 1940 nur noch schwarz; da gab es dann keine Steigerung mehr. Am meisten hat sie der Tod von meinem kleinen Bruder getroffen. Der fiel an der Ostfront. Der hat ihr immer Briefe geschrieben, mit der Feldpost. Da war nie etwas ausgeschwärzt *(sc. im Dritten Reich wurden situationsrelevante und systemkritische Formulierungen in der Feldpost zensiert)* und darin stand, dass schon alles gut werden würde und was die Wehrmacht doch für Fortschritte mache. Meine Mutter hat das mit seinem Urlaub geglaubt, weil sie es glauben wollte. Sie wollte einfach, dass ihre Kinder durch diese finstere Zeit kommen würden.

Deshalb war der Tod von meinem kleinen Bruder so ein schwerer Schlag für sie. Er hatte ihr geschrieben, dass er bald Fronturlaub bekommen würde, weil er so tapfer gegen die Russen gekämpft hatte. Das war ihr ein und alles, vor allem als die Nachricht vom Fronturlaub kam. Der Kuchen war schon gebacken und was hatten wir nicht alle Hebel in Bewegung gesetzt, um einen guten Kuchen zu backen. Trotz Rationierung!

Doch als der Kleine ankommen sollte, da war er nicht am Bahnhof. Das war nichts Ungewöhnliches; wir gingen wieder heim und warteten auf Nachricht. Solche Verspätungen gab es immer, auch sehr lange Wartezeiten.

Zum Abholen am Bahnhof ging niemand ohne Stullen und ein Kissen. Partisanen sprengten die Gleise,

127

Bombentreffer in den Bahnhöfen gab es auch oft. Doch nach drei Tagen kam der Gefallenenbrief. Mit Bote. Die Mutter hatte vergeblich gewartet. Er war in einem Spähtrupp gewesen – freiwillig noch dazu, der blöde Hund! Ich kann es nicht anders sagen. Da haben ihn die Russen erwischt. Er hat wohl noch anderen geholfen, obwohl er schon selbst schwer verwundet war, stand da drin, und der Bote, der den Brief brachte, hatte auch sein Eisernes Kreuz dabei. Das haben die ihm nachträglich gegeben.

Meine Mutter hat alles stumm entgegengenommen. Es war, als ob sie nicht wirklich da war. Keine Regung, nichts. Abends hab ich sie gefragt, ob ich das Eiserne Kreuz einmal ansehen dürfte, doch sie hatte es nicht mehr. Sie hat mich ganz ernst angesehen und fast beschwörend gesagt: „Das hab ich aus dem Fenster geschmissen: Weil Eiserne Kreuze, die brauchen bei uns keiner mehr." Meine ältere Schwester, die Lore, die ist ja auch bald dreißig Jahre schon tot. Schlaganfall. Die hat sich nach dem Kriege zu schnell vollgefuttert. Die war mit einem Parteiler verheiratet, die wollte das Eiserne Kreuz sehen. Da mussten wir uns geschwind eines ausleihen, weil sonst hätten der Schwager und die Lore meine Mutter verpfiffen.

Die war so, alles für den Führer, selbst die eigene Familie. Da kannten Lore und ihr Lothar kein Pardon. Die sind dann wohlweislich schon im Mai '45 in den Westen gegangen aus Angst vor dem Iwan *(sc. vor den russischen Besatzern)* und eines Tages kam Post: Sie würde uns besuchen kommen in Leipzig, weil ihr Mann, der wäre nach Chile abgehauen, und sie würde uns noch ein letztes Mal gerne sehen und dann auch nach Chile auswandern. Weil sie ihm folgen wird. Meine Mutter hat ihr zurückgeschrieben, wir wären fertig mit ihr, sie könne sich den Weg zu uns sparen und sie möchte doch den Führer und die andere Brut ganz herzlich in Chile grüßen. Dann haben wir lange nichts mehr von ihr gehört. Jahre später, Mutter war schon gestorben, da kam nochmal Post von ihr: Ob ich mich nicht versöhnen wolle, sie hätte Krebs und wäre in Köln. Ich hab da lange überlegt, ob das das richtige sei, sich doch zu versöhnen, wegen all dem, was damals vorgefallen war. Sie hatte sich ja für ihren Mann und gegen uns entschieden. Schließlich habe ich ihr zurückgeschrieben, doch mein Brief kam mit der Aufschrift „Verstorben" zurück.

Mit dem Nachlass kam raus, dass ihr guter Mann zwar nach Chile abgehauen war, aber sie nie nachgeholt hat. Der hat sie einfach sitzen lassen. Da war nicht viel mit „meine Ehre heißt Treue" *(sc. Motto der Schutzstaffel im Dritten Reich)*, was?! Da denkt man sich schon seinen Teil über den tollen Parteihengst. Sie hat die ganzen Jahre einsam in Köln gelebt und darauf gehofft, dass ihr dämlicher Adolf-Anbeter sie endlich nachkommen lässt. Da hat sie mir am Ende doch leidgetan.

Die Mutter hat das Ganze mit dem Krieg nicht lange überstanden. Wir haben sie schon 1950 begraben. Sie hätte gerne noch gesehen, wie Deutschland wieder aufgestanden ist, glaube ich.

35.

„Er war Reichskanzler für uns Deutsche, nicht für jeden James, Jacques und Ali von hier bis Timbuktu."
Reinhardt T., Jahrgang 1916, Heidelberg.

Ich sag es Ihnen gleich: Von mir werden Sie nichts Schlechtes über das Dritte Reich zu hören bekommen. Nicht von mir! Man muss da doch differenzieren und wenn man das wirklich kann, schaut die Sache ganz anders aus. Zum einen die Politik, zum anderen der Krieg. Zwei Seiten der selben Medaille. Der Krieg hat natürlich Opfer gekostet, auf allen Seiten; aber das sollte doch wohl niemanden überraschen. Wenn man sehenden Auges in den Krieg zieht, dann weiß doch ein jeder, dass da gekämpft wird und gestorben, auf beiden Seiten. Das ist nun mal der Lauf der Dinge. Kein Krieg ohne Opfer, das war schon immer so. Wer in den Krieg zieht, der hofft natürlich, dass er unbeschadet wieder nach Hause kommt. Aber wer das fest glaubt, wer mit seiner sicheren Heimkunft kalkuliert, der macht sich etwas vor. Das muss man sich vor Augen halten, wenn man sich entscheidet, in den Krieg zu ziehen.

Etwas ganz anderes ist da die Politik. Da denke ich – und ich denke das auch noch heute, da können die mich ruhig dafür einsperren – dass der Hitler schon in gewissen Maßen die richtigen Eckpunkte gesetzt hat für die damalige Zeit. Wenn wir mal ehrlich sind, da war er doch nicht der Erste im Reich, der diese Grundgedanken hatte. Schauen Sie sich doch auch einmal die anderen an, den Alten Fritz, Bismarck, die wollten doch alle, dass es dem Deutschen Reich und damit eben auch den Deutschen an sich gut geht. Die haben aber ihre Ideen nicht durchsetzen können. Weil, die hatten ja alle ihre Gönner und mussten zuerst Rücksicht auf die nehmen, die dafür sorgten, dass sie an der Macht sind und bleiben. Das war schon immer so, dass Politik von den Politikern für die gemacht wird, die den Politikern in den Sessel geholfen haben.

Mit dem Hitler war das, wie gesagt, anders. Der kam nicht aus dem Adel, der hat sich keinen hohen Herren an den Hals geworfen, der ist niemandem in den Arsch gekrochen. Der Hitler konnte bis in letzte Konsequenz zu Ende denken, was das Richtige für das Deutsche Reich und für die Deutschen sei. Daher hat er auf die anderen Nationen keine Rücksicht genommen, weil er auf die ja auch keine Rücksicht nehmen konnte. Wie sollte das, bitteschön, denn gehen? Er war Reichskanzler für uns Deutsche, nicht für jeden James, Jacques und Ali von hier bis Timbuktu! Hitler hat einfach immer nach der Maßgabe gehandelt, dass es zuerst um Deutschland geht. Das hat er gemacht, und zwar auch ohne Rücksicht auf Ansehen und Geldbeutel in Deutschland. Bei dem konnte jeder, der fest an Hitler geglaubt hat, der fest beim Deutschen Reich dazugehalten hat, etwas werden. Interessanterweise gab es keine Standesdünkel mehr, alles war auf die Leistung des Einzelnen aufgebaut, das hat mir imponiert. Man konnte auch als einfacher Mensch etwas werden. Das gab es vorher nicht.

Natürlich kann man jetzt sagen, dass der Krieg in der Niederlage endete, und unserem Deutschland vielerorts geschadet hat. Die Zerstörungen durch die Alliierten, die will ich ja überhaupt nicht leugnen. Und natürlich ist das schlimm. Doch das war ja nicht die Absicht von Hitler, der hatte ja einen Sieg vor Augen. Aber nun haben wir eben kapituliert und vor allem stehen wir wegen der Niederlage als Knechte der Besatzer da und unsere Frauen müssen sich mit den Negern einlassen. Das hätte der Hitler schon zu verhindern gewusst! Soweit wäre das unter Hitler nie gekommen, das können Sie mir glauben. „Schnippschnapp – Schwanz ab", wenn Sie verstehen, was ich damit sagen will. *(Macht mit Zeigefinger und Mittelfinger eine Scherenbewegung).*

Ich wage sogar zu sagen, dass uns dieser Krieg aufgezwungen worden wäre. Früher oder später hätte es sowieso gekracht. Es war doch klar, dass die anderen Nationen in Europa versucht hätten, uns aufzuhalten. Die hatten doch auch kapiert, was ihnen die Stunde geschlagen hat. Die wussten, was ihnen blüht. Hitler musste also damit rechnen, dass das Ausland den Deutschen schaden wollen würde. Dass die sich zusammenrotten werden, und zwar aus Angst vor den Deutschen. Ich glaube, Hitler wusste das ganz bestimmt, bin ich mir sicher, und er hat das in eiserner Konsequenz von Anfang an mit im Hinterkopf gehabt: Der Russe, der Franzose, die kommen uns bestimmt noch krumm. Und Hitler hat nur konsequent aus dieser Sachlage heraus gehandelt. Das war nicht nur seine Aufgabe als Staatschef, sondern seine heilige Pflicht. Aber das darf man heutzutage nicht laut sagen, dass die anderen uns sowieso ans Leder gewollt hätten, früher oder später. Da kommt einem gleich die Geheimpolizei ins Haus und dann sorgen die schon dafür, dass man seinen Mund hält. Von wegen Meinungsfreiheit und so! Hat sich was mit „Meinungsfreiheit" in diesem, unseren Lande, wie man ja heute sagt.

Ich hatte hier einen Kameraden im Heim, der dachte ähnlich und der hat mich ja auch noch immer in seinem Zimmer gegrüßt, wie es früher üblich war. Deutscher Gruß, hahaha, unter Kameraden ist das ganz normal. Da haben wir immer gelacht. Der war kerngesund, aber von einem Tag auf den anderen ist er tot umgefallen. Da weiß ich doch Bescheid, was hier Sache ist. Dass der fort musste, dass der der Wahrheit zu nahe kam, das kann man mir nicht ausreden! Da haben dann alle im Heim gesagt, dass ihn wegen der Trinkerei der Schlag getroffen hat, weil er schon in der Früh mit einem Obstler angefangen hat. Aber das ist nicht wahr. Ich habe den Kameraden doch nicht anders als stocknüchtern erlebt. Der war denen da oben im Wege! Der war gefährlich für die geltende Meinung. Der musste weg. So wird es mir auch ergehen, da mache ich mir nichts vor. Wirklich nicht. Denk an meine Worte! Du wirst schon sehen, was uns da noch alles ins Haus steht.

36.
„Opfer wurden nicht als Opfer, sondern als Beutelieferanten gesehen."
Herwig S., Jahrgang 1912, Bremen.

So viel Leid! So viele Opfer! So viel sinnloses Zerstören und Töten! Das war eine ganz schlimme Zeit, dieses Dritte Reich! Es soll doch bloß keiner sagen, es habe doch harmlos angefangen. Was die für Leute waren, die Nazis, das wussten doch alle schon lange vor '33. Die haben doch nicht nur ein paar Plakate geklebt, sondern die haben doch bei ihren Versammlungen Tacheles geredet. Da war kein Platz für „vielleicht" und „könnte". Da gab es keinen Konjugativ *(sc. gemeint ist der Konjunktiv)*. Wer die gewählt hat, der war entweder skrupelloser Opportunist oder komplett bescheuert. Ein Vertun gab es mit denen nicht.

Aber das war ja auch die Crux mit den Leuten, die braun gewählt haben, dass die sich alle ihren Vorteil erhofft haben und bereit waren, dafür über Leichen zu gehen. Das war wie eine Goldgräberstimmung und die Opfer wurden nicht als Opfer, sondern als Beutelieferanten gesehen.

Die Juden, die galten als reich und jeder wollte doch liebend gerne glauben, dass deren Reichtümer eigentlich durch Schwindel und Wucher zustande gekommen sind.

Das war kein Gerede von ein paar Einzelnen, das war die landläufige Meinung!

Das war für manche Leute aber sogar schon genug Rechtfertigung, um die Juden anzugreifen, auszurauben und umzubringen. Das war staatlich organisierter Mord, vom ersten Tag an vorbereitet. Und zwar nicht nur von einem Führer, der ein Gesetz absegnet, sondern von all den deutschen Händen, Füßen und Köpfen, die das in die Tat umgesetzt haben. Die waren wie besessen davon, dass man aus der ganzen Ariergeschichte herauslesen konnte, dass Juden nichts wert sind. Dass den Juden alles wegzunehmen ist und dass die Juden selbst kein Recht mehr haben, hier zu leben. Die anderen Deutschen, die fanden das völlig in Ordnung. Das hat keiner hinterfragt. Das war, als ob alle gleichzeitig verrückt geworden sind.

Es gab natürlich auch Vernünftige, die bei dieser Hatz nicht mitgemacht haben, die sich dem Wahnsinn dieser Rassenideologie widersetzt haben. Das führte zu vielen Konflikten. Da wurden „Freundschaften auf ewig" einfach beendet, da brachen die besten Freunde mit einander. Diese Brüche gingen nicht nur durch die Nachbarschaft, die gingen auch durch die Familien, ganz oft sogar. Der Vater, der schon eher durchblickte und die Nazis mit Argwohn betrachtete, und auf der anderen Seite die Söhne, die jungen Heißsporne, die sich nichts mehr wünschten als eine neue Zeit, in der einer dafür sorgt, dass es ihnen besser geht. Oder in der sie die Berechtigung zu Selbstbedienung am Eigentum an-

135

derer haben. Die sind dann oft auf einander losgegangen, und zwar auf Teufel komm raus.

Da gab es bei uns in der Straße eine Familie, da hat der Vater nachts Plakate für die Roten geklebt und der Sohn ist einstweilen mit großer Überzeugung zur Versammlung von den Braunen gegangen. Vater und Sohn haben da schon nicht mehr mit einander geredet. Der Sohn hat dann auch in so einem Nazi-Schlägertrupp mitgemischt, die nachts rumgegangen sind und nach den Roten gesucht haben. Na und eines Nachts hat er mit seiner Schlägertruppe seinen Vater erwischt. Und stellen Sie sich das einmal vor: Er hat sich nicht entblödet mitzumachen, als die seinen eigenen Vater zusammengehauen haben. Der Vater ist dann erst einmal weg gewesen und da ging schon das Gerücht, dass die Geheimen, also die Gestapo, ihn abgeholt hätten. Aber der war gottseidank zuvor noch schnell untergetaucht und kam sozusagen mit einem dunkelblauen Auge davon. Aber die Nazis haben geglaubt, dass der Sohn seinen Vater gewarnt hat, und haben ihr eigenes Parteimitglied verhört und in die Mangel genommen, damit er alles gesteht. Das muss man sich erst einmal vorstellen: der eigene Sohn! So weit in die Familie reichte die Partei!

Der Krieg war für mich beileibe kein Ort der Seligkeit, doch ich hatte das Glück, dass ich schon früh in Gefangenschaft geriet und „meinen Krieg" in England abwarten durfte. Mir kam das ganz recht, denn in England hat keiner mehr gefragt, ob ich nun Nazi bin oder nicht. Ich meine, die Engländer, die hat das gleich bei der Gefangennahme schon interessiert, die haben schon jeden einzeln verhört, aber später dann im Lager, da war das kein Thema mehr. Da war nur kurz einer, der hat sich so überlegt, wie wir in der Gefangenschaft uns verweigern und so dem Tommy schaden könnten. Aber die anderen Gefangenen haben ihm das schnell abgewöhnt, weil wir ganz sicher mit unseren neuen Herren keinen Ärger wollten. Die haben ihm deutlich gesagt,: ‚Schnack hier nicht rum, du Tüünbüdel!' Das heißt bei uns im Bremen, dass er ein Blödmann ist und den Mund halten soll. Jaja, so war das damals.

Das Leben in der Gefangenschaft, da muss ich ehrlich sein, das war eigentlich nicht so schlimm. Wir hatten genug zu essen und waren sicher vor den Kugeln und Bomben des Feindes. Im Winter war es kalt, aber ich bin ja kein Frostköttel; mir machte das nicht viel. Nur wenn Fliegeralarm war, da mussten wir beten. Wir durften natürlich nicht in die Bunker; die waren für die Ladies und die Gentlemen reserviert, wie wir die Briten immer genannt haben. Erst hat man sich da keine Sorgen gemacht. Das waren ja sozusagen die Unsrigen da oben am Himmel. Die werden doch wohl kaum unsere Baracken bombardieren. Aber bei einem Angriff haben diese „blinden Unsrigen" doch tatsächlich auch auf unsere Baracken ihre Bomben geworfen. Die haben wahrscheinlich geglaubt, dass es sich um eine Kaserne handelt oder so. Da hat es tatsächlich eine Baracke getroffen. Volltreffer. Elf Mann weg. Nichts mehr zu finden. Da hat man die Welt nicht mehr verstanden. Da war für viele auch mit dem Beten und dem Glauben Schluss. Die eigenen Flieger! Von da an hatten wir wenn nicht Angst, dann doch einen Heidenbammel vor jedem Fliegeralarm. Man wusste ja nie, welcher Idiot da oben kreist und uns mit einem Gruß aus der Heimat bedenkt.

Als ich nach Hause durfte, da war ich natürlich geschockt, als ich ankam. Das waren ja fast fünf Jahre, in denen ich Deutschland nicht gesehen hatte. Alles lag in Schutt und Asche, ganze Viertel waren verschwunden. Und erst die Leute! Die Leute, die Leute! Die haben gehaust wie die Neger im Urwald. In Hütten und Bretterverschlägen, in Kellern und in völlig überfüllten Wohnungen. Das war ganz sicher nicht mehr die hochtrabende deutsche Kultur, die doch zuvor angeblich noch so überlegen durch ganz Europa gestrahlt hatte. Da ging es nur noch um das nackte Überleben. Unser Haus, wo wir die Wohnung hatten, das war auch bis auf die Bordsteinkante abrasiert. Das war nicht kaputt, das war weg. Und die Verwandtschaft in Bremerhaven wohnte im Keller. Da, wo sie vorher Kartoffeln und Kohlen hatten. Das war dann der Lohn dafür, dass alle so brav durchgehalten haben, haben wir immer gesagt. Wenn dann jemand gejammert hat, da haben wir gesagt: „Sei du nur still! Das hast du dir alles selber zuzuschreiben!"

37.
„Dann kam der Krieg und da war nicht mehr viel mit ‚Mund halten und durch'."
Karoline W., Jahrgang 1900, Nürnberg.

Wenn man sich dieser Zeit heute so erinnert, dann muss man eigentlich an drei verschiedene Episoden *(sc. Phasen)* denken. Das begann eigentlich mit 1933, als die Nazis an die Macht kamen und gleich richtig Dalli-Dalli gemacht haben. Ein Gesetz nach dem anderen. Einmal war es etwas, bei dem man zustimmen konnte, dann ein anderes Mal etwas, das man nicht verstanden hat, und auch einmal etwas, wo man dagegen war, was aber immer irgendwie nötig oder richtig erschien. Das hat sich ja Schritt für Schritt entwickelt. Es hat ja keiner das Licht ausgeknipst, so dass Deutschland plötzlich finster war. Aber es war schon zu merken, dass ziemlich rasch ein anderer Wind wehte im deutschen Land, dass es nun solche und solche gab und dass man ganz schön Obacht geben musste, dass man auf der richtigen Seite stand.

Wir waren sehr vorsichtig. Die Wände hatten ja Ohren und der Blockwart, ein Herr Vogel, hat immer ganz genau geschaut, was man so sagt und dass man immer schön „Heil Hitler" sagt und nicht „grüß Gott". Hat mein Neffe den Vogel gefragt, ob der Liebe Gott, wenn er auf der Erde ist, auch „Heil Hitler" sagen muss, hat sich das der Blockwart gleich notiert. „Adolfs Ohr" hat mein Vater den einmal genannt. Den Vogel haben alle gehasst, weil der nie etwas gesagt, aber immer etwas in sein Notizbuch geschrieben hat, kaum dass man weitergegangen ist. Das war so ein richtiges überzeugtes Schwein. Vor dem haben alle Angst gehabt, weil, wenn der gesagt hätte „die ist gegen uns", ja wenn er das gemeldet hätte, dann wäre es der Betreffenden wirklich schlecht gegangen. Man war also vorsichtig, sehr vorsichtig, und man hat gelernt, sich mit dieser Lage zu engagieren *(sc. zu arrangieren)*.

Dann kam der Krieg und da war nicht mehr viel mit „Mund halten und durch". Da musste wirklich jeder 'ran, wobei schon deutlich zu sehen war, wer seine Kontakte hatte und wer nicht. Vor allem, als es dann gegen Russland los ging, da hatten alle furchtbar Bammel, dass sie an die Ostfront müssen. Da gab es doch einerseits die Söhnchen von den Oberen und die blieben brav in ihren Bürostuben. Denen ist nichts passiert. Es lebe die Etappe! Und die Jungs von den einfachen Leuten, die kamen eins, zwei, drei an die Ostfront und dann kamen nur noch die Marken *(sc. die Erkennungsmar-ken)* wieder heim. Da wurde schon laut gemurrt, aber so richtig protestiert hat niemand. Ich kannte da Familien, die haben im ersten Jahr alle drei, vier Söhne verloren und beim Bonzen, der in der Villa zwei Straßen weiter wohnte, da gingen die beiden Söhne jeden Tag mit der Aktentasche ins Büro, als sei immer noch Frieden. Aber die haben dann von den Amis auch ein „Geschenk" aus heiterem Himmel bekommen, Januar '45. Und ich kann nicht sagen, dass sich die Feuerer *(sc. die Feuerwehr)* besonders um deren Haus bemüht haben. Komischerweise hatten die etwas anderes zu tun. Da hat es einen von den Söhnen doch auch einmal erwischt. Na, um den war es bestimmt nicht schade.

Man sollte aber nicht glauben, wie schlagartig sich alles geändert hat, als der Krieg endlich aus war. Das war, wie als ob man aus einem Alptraum aufwacht. Dornröschen und die Braunen oder so. Auf einmal waren alle überzeugten Nazis überzeugt davon, dass sie gar keine Nazis gewesen wären. Niemals. Man hätte sie doch zu all diesem Wahnsinn verführt, manche auch gezwungen. Man habe das alles doch nicht gewollt. Die Amis haben sich schon gewundert, dass sie ein Land befreit haben, in dem von einem Tag auf den anderen alle Täter verschwunden sind und es dafür plötzlich ganz viele Opfer gab. Egal, wen die Amis verhört haben, alles nur Opfer, Missverstandene und kleine Fische.

Da kamen diese Deutschen, die eben noch bis zum letzten Atemzug durchhalten wollten, und verlangten von meinem greisen Vater, dass er ihnen bestätigen würde, was für gute Menschen sie doch gewesen seien. Und keine Nazis. Mein Vater galt den Amis etwas, weil er nicht in der Partei gewesen war, weil er eine Kopfverletzung aus dem ersten Weltkrieg mit nach Hause gebracht hat. Das galt als Dachschaden. Da musste er nicht in die Partei, obwohl er normalerweise ganz normal war. Mein Vater, der hat das mitgemacht, ich weiß gar nicht, wie vielen Menschen er so einen Persilschein *(sc. eine amtliche Beureilung als „unbedenklich")* gegeben hat. Verdient hatte den wirklich keiner. Ich habe ihn gefragt, warum er das macht, warum er diesen Leuten eine weiße Weste ins Stammbuch bestätigt. Und er hat mir geantwortet: „Karoline, was ändert es, wenn ich das denen verweigere? Nichts. Das, was geschehen ist, das kann ich doch nicht mehr ändern. Aber wenn ich das nicht mache, wenn ich das denen verweigere, dann wird die Zukunft auch nicht besser." Ich habe ihm gesagt, dass viele von denen, die jetzt kommen, ganz sicher Dreck am Stecken hätten, und mein Vater hat geantwortet: „Das geht mich nichts mehr an! Das müssen die mit ihrem Gewissen ausmachen! Das Gewissen holt die alle wieder ein, glaub mir, dem Gewissen kommt keiner aus."

Ich habe es ihm nicht geglaubt, auch wenn er mein Vater war, und zwar weil ich diese Leute bald jeden Tag gesehen habe und da hat keiner schwer an seinem Gewissen getragen. Ganz im Gegenteil: Die sind ja doch alle auf die Füße gefallen und haben sich mit ihrem Persilschein bestens mit den Amis verstanden. Als mein Vater Anfang der Fünfziger gestorben ist, da war kaum einer bei der Beerdigung. Das hat mich schon geschockt, weil ihm doch so viele von diesen Leuten eigentlich ihr ganzes gutes Leben nach der Stunde Null zu verdanken haben. *(Sc. Die Stunde Null bezeichnet den Beginn des demokratischen Deutschlands nach der Kapitulation).*

38.
„Also, glaub bloß nicht, dass das keiner gewusst hat. Jeder wusste etwas!"
Trude B., Jahrgang 1903, Rhein-Main Gebiet.

Was ich am schlimmsten finde, ist diese endlose Feigheit, dieses Leugnen. „Wir haben doch nichts gewusst!" Es kann doch keiner ernsthaft von sich behaupten, dass er im Unklaren darüber war, was sich da so abspielte. Natürlich haben die Nazis damals keine KZs in ihrer Wochenschau gezeigt, aber damals funktionierte die Flüsterpost noch viel mehr als heute. Solche Sachen wie Arbeitslager, die waren ja auch nicht irgendwo versteckt. Die waren doch immer in der Nähe von Dörfern und Städten. Die brauchten Personal und zivile Versorgung. Selbst wenn die KZ-Insassen neben ihnen verhungerten, die Wächter wurden ja stets versorgt. Na und die Häftlinge, die wurden doch zum Arbeitseinsatz aus dem Lager geführt! In die Waffenfabriken, zum Bau und in die Steinbrüche.

Die normalen Bürger, die Anwohner, die haben die Häftlinge doch gesehen. Wenn da die Häftlinge ganz dürr in ihrer gestreiften Kluft jeden Tag einmal hin und einmal zurück die Straße hinunter getrottet sind, da haben das die Leute doch mitbekommen. Wer solch schlimme Dinge sieht, der behält das doch nicht für sich, nie und nimmer! Der muss sich das von der Seele reden oder zumindest sich mit seinem Wissen wichtig machen. Das ist doch in der Natur des Menschen. Also, glaub bloß nicht, dass das keiner gewusst hat. Jeder wusste etwas! Nicht alles und vielleicht auch nicht das ganze Ausmaß, aber doch so einiges.

Auf der anderen Seite hat aber auch jeder wen gekannt, der von der Gestapo abgeholt worden ist; ganze Familien sind da weggekommen. Manchmal waren da schon ganz schnell die „Steiger" da, kaum dass die Leute weggeschafft worden sind. Das war menschlich der letzte Abschaum. „Steiger" haben wir die genannt, die bei den abgeholten Juden schnell in die Wohnung eingestiegen sind und deren Sachen geklaut haben. Offiziell hat ja der Staat die Habe einkassiert, aber meistens waren vorher schon ein paar gut informierte Gestalten da. So Nachbarn und Parteigänger, die sich das ein oder andere Teil aus der Habe der Verhafteten unter den Nagel gerissen haben.

Ölbilder waren typisch. Ich kannte einen, der hatte mit Kunst nicht das geringste zu tun, der redete nur von „Maler Klecksel". Doch der hatte im Kohlenkeller hinter den Kohlen einen kleinen Raum, da haben sich die erstiegenen Ölbilder gestapelt. Ist aber alles bei einem Fliegerangriff verbrannt. Hat er also am Ende doch nichts davon gehabt. Er ist sogar über glühende Briketts gestiegen, um die Bilder zu retten! Wie so ein Fakir in Indien, aber ohne Erfolg.

Das waren alles feige Opportunisten in Deutschland. Hauptsache, der eigene Vorteil bleibt gewahrt. Da ist mir mein Nächster oder Nachbar völlig wurscht. Die gingen über Leichen. Oft im wörtlichen Sinn.

Nach dem Krieg haben alle ganz verwundert getan, als es um Konzentrationslager und Massenmord ging. Die haben geleugnet, überhaupt etwas davon zu wissen. Das muss man sich erst einmal vorstellen! Und die Siegermächte haben das durchgehen lassen. Das ist das Verbrechen im Verbrechen: da noch zu leugnen und so zu tun, als wäre einen das alles nichts angegangen. Davon kann man sich nicht reinwaschen. Da war keiner mannsgenug zu sagen: „Ja, mir war das bekannt, aber ich habe nichts dagegen getan." Wieso auch? Waren doch alle mit Begeisterung im Dritten Reich dabei.

Natürlich konnten die Sieger ja nicht jeden, der in der Partei war, einsperren, sonst wäre ja ganz Deutschland im Gefängnis gelandet. Also haben sie mit der Entnazifizierung begonnen.

Die waren um diese Aufgabe nicht zu beneiden. Wie soll man Deutsche entnazifizieren? Wie soll man aus solchen Menschen gute Demokraten und anständige, mündige Bürger machen? Für das, was möglich war, haben die Sieger wirklich gute Arbeit geleistet. Viele von den Deutschen wurden wieder zu halbwegs an-

145

ständigen Bürgern, aber leider eben auch einige nicht. Diese Unverbesserlichen, die trafen sich dann immer wieder in Hinterzimmern hinlänglich bekannter Gaststätten und oft unter dem Deckmantel, dass sie ein Hobby hätten. Briefmarkensammeln, Kleintierzüchter, und so ein Krampf.

In Wahrheit waren das alles Nazis, die sich gegenseitig ins Bier heulten. Die weinen heute noch ihrem Führer nach und hoffen auf das nächste Reich. Das werden inzwischen wieder mehr. Nicht, weil die überzeugt sind, sondern weil die Menschen vergessen, wie schlimm es wirklich war. Die erinnern sich nur an die Autobahnen und dass jeder Arbeit hatte – an solchem Krampf ziehen die sich hoch, so wie wenn der Bau einer Autobahn die Judenvernichtung rechtfertigen würde.

Das Schöne ist: Die Zeit holt sie sich sowieso alle. Da können die lange auf ihr Reich und ihren Führer warten, der Tod hält schon die Sanduhr für uns alle in der Hand. Dann erledigt sich die Sache von selbst.

39.
„Das wird kaum einen Unschuldigen getroffen haben."
Therese „Resi" S, Jahrgang 1897, Nürnberg.

Ich bin ja in Nürnberg geboren, aber meinen Stadtteil, den gibt es eigentlich nicht mehr. Ich komme aus

146

Wöhrd. Aber das Wöhrd, aus dem ich komme, das ist weg. Weggebombt, abgebrannt.

Wir hatten damals eigentlich alles, was wir so zu unserer Zufriedenheit brauchten. Meine Eltern haben damals noch gelebt. Beide waren Textiler gewesen, der Vater hat dann in einer Maschinenfabrik gearbeitet. Die waren ja schon Pensionäre, als es mit dem Hitler los ging. Uns hat das aber alles mit der großen Politik nicht betroffen, das mit den Juden und den anderen Unerwünschten, weil es die in Wöhrd eigentlich nicht gab. Das waren bei uns ja alles anständige Deutsche. Man hat sich untereinander gekannt. Da gab es keine Quertreiber. Da war kein Platz für Jud' und Gesindel. Bei uns ist keiner weggekommen, weil es schon vorher keinen gab, der dafür in Frage gekommen wäre. Alles anständige Leute, so wie sich das auch gehört. Freilich, in anderen Stadtteilen, da sind schon Leute weggekommen. Das haben wir ab und zu von Bekannten gehört, aber mein Vater hat immer das Gleiche gesagt: „Das wird kaum einen Unschuldigen getroffen haben." Da haben immer alle am Tisch genickt. Was mein Vater gesagt hat, daran hat man nicht gezweifelt. Besser nicht.

Ich habe als Näherin gearbeitet, wie so viele. Damals gab es ja keine großen Maschinen für die einfache Wäsche. Die Vorhänge, die Bettwäsche, das hat man mit der Hand gemacht. Immer akkurat, sonst kriegte man kein Geld. Das war harte Arbeit, aber es war auch mein Stolz. Ich habe für viele Kunden gearbeitet, weil ich so einen guten Ruf hatte. Das Geld war nicht übermäßig, aber es hat für mich gelangt. Viel habe ich ja schon damals nicht gebraucht. Man muss sich nur einschränken können, dann langt auch wenig für vieles. Das ist ein wahres Wort.

Meinen Mann habe ich kurz vor dem Krieg kennengelernt. Arbeiter war er, aber eine Seele von einem Menschen. Er war flanieren an der Pegnitz und hat so schön den Hut gezogen und gegrüßt, ein wirklich anständiger Herr. Kein Hallodri und kein Kirchweihstenz, der hinter jedem Rock herjagt. Der hat in der Südstadt geschafft, was heute die MAN. ist. Aber damals haben die ganz andere Sachen gebaut, wenn du verstehst, was ich meine. Karl hat er geheißen und er wurde ´41 eingezogen. Da hat er sich in Russland gleich seine Blechkrawatte geholt *(sc. den Orden Eisernes Kreuz)*. Er war nicht besonders stolz drauf. Er hat gesagt, dass man sich davon kein Butterbrot schmieren kann. Naja, er war halt praktisch veranlagt. Der hat gelacht und gesagt: „Schau dir das einmal an, Resi, am Magneten bleibt das Eiserene Kreuz nicht kleben, das kann ja nicht sehr eisern sein." Das war seine Art, eine Meinung zu haben. Aus dem Krieg ist er ohne großen Schaden zurückgekommen, nur schlecht gehört hat er. Wir waren noch fast zwanzig Jahre zusammen glücklich, dann hat ihn der Krebs geholt.

Im August ´43 ist das mit Wöhrd passiert. Alles, was laufen konnte, hatte sich wegen dem Fliegeralarm in den Hirsvogelbunker und so geflüchtet. Drinnen gab es kein Licht und es war sehr stickig. Manche Frauen wurden ohnmächtig. Die Wände zitterten von den Bombeneinschlägen. Die Engländer haben wirklich eine Menge Dynamit abgeladen auf Wöhrd. Man hat nur leises Weinen und endlose Vater-unser zwischen den Bombeneinschlägen gehört. Wenn die Einschläge nahe waren, haben die Mädchen vor Angst geschrien und viele Leute, auch die Männer, die da waren, haben sich in die Hosen gemacht.

Als wir endlich raus aus dem Bunker konnten, da war Wöhrd weg. Es brannte überall und viele Häuser waren ja noch mit Fachwerk und viel Holz. Das wurde alles von den Flammen vernichtet. Am nächsten Tag erst sah man, wie wenig von Wöhrd noch übrig war. Das war wirklich ein Stich ins Herz. All die alten Häuser, die Geschichte und die Geschichten, die die Leute damit verbunden haben – alles war weg. Geraucht hat das noch Tage, Wochen. Es war ja nicht so einfach zu löschen. Ständig hatte man Angst, dass die Bomber wiederkommen könnten. Denen war alles zuzutrauen. Das war ganz schlimm! Ich sage immer: Man darf das nicht vergessen, wenn immer wieder von der Kriegsschuld und von der Schuld der Deutschen geredet wird. Da sage ich immer darauf: Was war mit Wöhrd? Da waren doch keine Fabriken, da sind doch keine Waffen gebaut worden. Das waren doch die Wohnungen von den anständigen Leuten. Warum sagt dazu keiner „Verbrechen"? Es war schließlich eines.

Man muss sich das immer wieder erinnern: So viele Menschen sind damals umgekommen! Einige Male wurde sogar die ganze Familie ausgelöscht, die Mutter und die Kinder. Man konnte nur dastehen und rufen: „Warum? Warum nur wir?" Es hat ja nicht ein jeder seine Kinder auf's Land schicken wollen; viele Kinder waren ja noch da. Da hat es auch die Kinder erwischt. Die Bomben machen doch keinen Unterschied. Das darf man nicht vergessen, wenn man heute „Befreier" sagt.

40.
„Befehl ist Befehl. Befehl ist Befehl, das sage ich Ihnen!"
Karl T., Jahrgang 1901, Magdeburg.

Gut, reden wir doch einmal über das Dritte Reich. Da werden die Eiferer gleich kommen und uns sagen, wie schlecht das war und was wir doch für üble Gesellen gewesen sein mögen. Das kenne ich zur Genüge, dagegen bin ich längst immun. Da rein, da raus. So ist das mit meinen Ohren.

Die Wahrheit ist: Hitler wurde gewählt, weil er überzeugen konnte. Weil man darauf vertrauen konnte, dass er meint, was er sagt. Nicht so wie die Roten und das Zentrum, die eines gesagt haben, aber etwas anderes gemeint haben und die am Ende doch immer nur an sich selbst gedacht haben. Davon hatten wir genug. Davon hatten viele einfach die Nase voll. Von dem ewigen Gerede, diesen Diskussionen immer im Kreis herum. Die reden und reden und nichts kommt dabei heraus. Wo doch jeder gewusst hat, die schieben sich doch nur gegenseitig die Pfründe zu. Da haben sich die Menschen ein Herz gefasst und gesagt: „Jetzt ist Schluß mit dem Gerede! Nicht mehr mit uns! Es hat sich ausgequasselt.“

Ich habe mich mit vollem Herzen für die Sache engagiert. Ich war schon früh in der Partei. Ich war ja bereits in der Armee zu anständigem Rang gekommen. Ich hatte gelernt, dass man Teil einer größeren Sache ist und dass die Maschine nur dann funktioniert, wenn auch alle Räder richtig laufen. Ich war stets darum bemüht, meinen Eid zu erfüllen, auch wenn viele gerade zum Ende des Krieges ihr wahres Gesicht zeigten und desertierten oder kapitulierten. Das war nicht ich, das hätte ich nie gemacht. Natürlich weiß ein jeder Soldat, selbst wenn er nur wenig von seinem Handwerk versteht, wann eine Schlacht verloren ist. Aber es unterscheidet den anständigen Soldaten vom gemeinen Lumpen, wenn er trotzdem seinen Befehl ausführt. Befehl ist Befehl! *(Sc. Wird sehr laut)*. Befehl ist Befehl, das sage ich Ihnen!

Es ist natürlich eine Selbstverständlichkeit, dass viele durchzuführende Befehle in der bestimmten Situation richtig sind, auch wenn diese Befehle dann vor dem Auge der Geschichte später als, sagen wir einmal, „schlecht“ oder „unverständlich“ dastehen. Das ist das Wesen des Krieges, seit je her. Es zählt nur, was in dem Moment als gegeben erscheint. Das ist die Prämisse,

aus der heraus der Befehl gegeben wird. Hinterher ist jeder schlauer, hinterher weiß man vieles besser.

Ich habe mir da nichts vorzuwerfen und schon gleich gar nicht vorwerfen zu lassen. Das habe ich immer gesagt. Die Sieger haben mich 1948 in einem ihrer Schauprozesse ohne eine Rechtsgrundlage abgeurteilt und ich musste bis 1955 im Kerker dafür büßen, dass ich den mir gegebenen Befehl ausgeführt habe. Ich nehme das hin, genauso wie ich das Urteil damals zur Kenntnis genommen habe. Ich habe denen gesagt: „Sie können mich verurteilen wie sie wollen, Sie wissen genau, dass ich nur meine Befehle ausgeführt habe. Was Sie machen, ist Siegerjustiz. Eines Tages werden Sie sich dafür genauso verantworten müssen, wie ich heute hier stehe.

Entweder verurteilt Sie irgendwann ein ordentliches Gericht, oder die Geschichte wird eines Tages über Sie richten." Das hat denen nicht gefallen, das kann ich Ihnen sagen. Ich habe aber nicht geklagt, dazu bin ich nicht der Typ Mensch. Wer etwas als richtig erkannt hat, der bleibt standhaft, auch wenn es opportun scheint, klein beizugeben. Ich bin kein Gnadenwinsler. Ich habe nur gewusst, dass ich auch dann nicht anders gehandelt hätte, wenn ich gewusst hätte, dass der Krieg verloren geht.

Ich sitze hier mit einem reinen Gewissen. Ich habe das getan, was mir aufgetragen wurde. Wenn das zu strafen ist, so soll Gott mich richten. Da soll er aber auch die anderen nicht vergessen!

41.
„Wir hatten mit der Politik nicht viel zu schaffen."
Jan W., Jahrgang 1906, Kiel.

Das Dritte Reich, das Dritte Reich ... Ja da kann ich mich schon noch daran erinnern. Ich bin ja ein Kind der Küste. Da lag mir das Meer im Blut, die See, das Salzwasser, nicht wahr? Als Kinder haben wir die Krabben noch mit der Hand gefangen. Das hat oftmals für das Abendessen gesorgt. Was hat sich Muttern da gefreut! Nicht, dass das Geld bei uns knapp war. Aber wir Jungs, also mein Bruder Hein und ich, wir waren schon sehr stolz drauf, dass wir für das Abendessen gesorgt haben. Mein Vater hat uns immer die Haare geruffelt und gesagt: „Das sind meine Jungs". Das waren gute Zeiten.

Wir hatten mit der Politik nicht viel zu schaffen. Ich war ja als Fischer meistens auf See und Hein ja auch. Die Fischer, die waren ja kaum an Land, da hat sich schon die Einstellung breit gemacht, dass uns das nicht viel anging.

Wir sind dann zur Kriegsmarine einberufen worden, aber Hein hatte ja damals schon wegen seinem Unfall mit dem Tau nur noch drei Finger an der rechten Hand. Der war dann in Frankreich zwar bei der Marine, aber immer nur an Land. Das hat ihn nicht gestört.

Ich war mit der „Scheer" *(sc. deutsches Schiff)* in der Ostsee. Das war keine gute Zeit, aber das war es ja nirgends. Wir haben bei Sorve *(sc. estländische Halbinsel am Eingang des Golfs von Riga)* unsere Jungs rausgehauen. Dabei habe ich einen Splitter abbekommen.

Hein und ich waren immer unzertrennlich, auch als ich mein Annchen geheiratet habe und er seine Herzensdame. Es tut mir leid, ihr Name fällt mir nicht mehr ein.

Wir sind ja dann beide weg von der Küste, aber das war eigentlich ein Zufall. Er war Pförtner geworden, wegen seiner Hand. Aber er hat immer gesagt, wie unendlich langweilig das sei. Er sehnte sich immer nur nach der Küste. Das Münsterland ist da sehr weit weg.

Ich war dann bei der Bahn, als es noch die Dampflokomotiven gab. Da bin ich ganz schön herumgekommen in der Weltgeschichte. Da haben immer alle gesagt: „Na, von wo kommst du denn heute schon wieder?" Das hat mir gefallen. Der Eiserne Vorhang, der hat mir nach dem Kriege nicht gepasst, weil ich gerne einmal mit der Eisenbahn auch dahin gefahren wäre, wo nun der Russe gesessen ist. Aber ein Kollege hat mir gesagt: „Was willst du da drüben? Da ist alles kaputt. Und der Russe hat das, was nicht kaputt war, gleich mitgenommen."

Jetzt bin ich schon lange in Pension und Hein lebt wieder in Kiel. Er ist ja ein bisschen jünger als ich, aber er kann nicht reisen. Seiner Frau geht's nicht besonders. Klara heißt sie, jetzt ist es mir doch wieder eingefallen!

42.
„Jeder noch so kleine Wurstl hat plötzlich einen großmächtigen Posten gehabt."
Kunigunde S., Jahrgang 1897, Nürnberg.

Ja mei, das Dritte Reich, die Nazi-Zeit, das war schon eine schlimme Zeit gewesen. Ganz bös! Vor allem die Menschen, die waren ganz böse damals. Wenn heutzutage jemand sagt, der ist böse, dann ist das eigentlich bald noch lieb im Vergleich dazu, wie die Menschen damals waren. Glaubt man nicht, ist aber so gewesen.

Angefangen hat das Dritte Reich ja noch ganz normal. Da wurden halt von den Scharfmachern so ein paar Reden geschwungen, solche, wo man schon gezuckt hat und gesagt hat: „Meinen die das jetzt wirklich ernst?" Aber man denkt: Das ist doch immer so; die neue Regierung muss sich halt erst einmal bei den Leuten bekanntmachen.

Ehe man sich versehen hat, da war schon alles ganz anders in Deutschland! Das war, als wäre der Hitler mit einem Zauberstab herumgelaufen und hätte schwupsdiwups alle in Nazis verwandelt. Alle Leute, die etwas auf sich gehalten haben, sind in Uniformen herumstolziert. Alles war frisch gebügelt und die Knöpfe poliert. Das Zauberwort war „zackig". Alle wollten auf einmal „zackig" sein.

So sind die am Sonntag zum Promenieren gegangen und dann haben sie sich mit den neuen Titeln gegrüßt, die man ihnen braunerseits zugesprochen hat. Da waren die Leute richtig stolz drauf. Jeder noch so kleine Wurstl hat plötzlich einen großmächtigen Posten gehabt. So etwas wie Obersturmbannführer, Blockwart oder so etwas. Egal, wie unwichtig dieser Posten war, alle kamen sich unheimlich wichtig vor und allen hat das imponiert. Das war wirklich so: Auf einmal war jeder wer. Wirklich jeder Depp!

Was aber noch schlimmer war: Die, die vorher was gegolten haben, die waren auf einmal nur noch so Randfiguren; die Lehrer und die Ärzte, die waren wie so Witzfiguren. Das war Absicht. Damit wollte man die, die was im Kopf gehabt haben, also die schlaueren Leute, mundtot machen.

Natürlich haben diese ganzen Posten und Pöstchen die Leute weich gemacht, damit die auch bereit sind, bei all dem Krampf mitzumachen. Und später natürlich auch bei all dem Wahnsinn, den sich die ausgedacht hatten, die Nazis. Weil nämlich wer Angst hat, seinen Posten wieder zu verlieren, der ist eher dazu bereit, mitzumachen bei allen Verfügungen und Beschlüssen und Befehlen. Wer da nach dem Sinn von so einem Befehl sucht, wer erst einmal nachdenkt und hinterfragt, der verpasst den Abmarsch. Das wollte von diesen armen Idioten keiner. Das hätte ja bedeutet, dass sie das Bissl, was ihnen zugesprochen worden ist, gleich wieder auf's Spiel setzen. Nachzudenken war ja die erste Stufe zur Befehlsverweigerung. Wirklich, war so!

Das ist doch immer so, der Deutsche macht den größten Mist mit, solange der Mist als Befehl verpackt von oben kommt. Aber am allerliebsten macht er mit, wenn das als Gesetz zu verstehen ist. Weil man dann sagen kann: „Kann schon sein, dass das nicht gut war, aber es ist ja Gesetz." Das kann noch so verrückt sein, das wird ausgeführt. Ohne nochmal nachzufragen. Soll man nicht glauben, ist aber so.

Die Leute haben zum Beispiel die Nachbarn angeschwärzt, haben ihre eigenen Familienmitglieder verpfiffen, nur weil es dazu einen Befehl gab. Da haben die in der Schule nachgefragt, wer daheim Feindsender hört, wer über den Hitler Witze macht. Und die Kinder haben dicht gehalten. Aber wehe, wenn es möglich war, den Nachbarn zu verpfeifen! Am besten noch anonym, also ohne das man weiß, wer da verpfeift. Da sind die Leute in dieser braunen Zeit gleich dabei gewesen. Oft ist da halt auch Neid dazugekommen, weil einer mehr gehabt hat oder gewesen ist als der andere. Da hat sich der andere natürlich ins Fäustchen gelacht, wenn er den anschwärzen konnte.

Im Krieg war das noch viel schlimmer. Der Krieg kam ja nicht unerwartet. Als sich der Hitler Österreich und das Sudetenland geholt hat, da wusste doch jeder, dass das nicht gut gehen wird. Zum einen hat das so leicht geklappt, dass selbst die Deppen auf der Straße gesagt haben: „Da holen wir uns noch mehr Länder, wenn das so leicht geht!" Zum anderen hat keiner geglaubt, dass die anderen Länder lange tatenlos zusehen werden. Wir haben ja daheim gedacht, dass die Franzosen und Engländer von sich aus was gegen Hitlerdeutschland unternehmen werden. Aber dann kam der Angriff auf Polen und alles ging viel schneller als erwartet. Auf einmal war der Krieg da.

Am Anfang vom Krieg waren die Leute wie besoffen. Das war ganz schlimm! Alle haben vom Sieg geredet und dass wir nun endlich wieder etwas gelten in der Welt. Ich hab mir nur gedacht: „Wenn das schief geht, dann gnade uns der liebe Gott! Weil die anderen Nationen, die werden uns kaum noch gnädig gestimmt sein."

Die erste Zeit im Krieg, da wurde zu den großen Meldungen wirklich gefeiert und vor allem getrunken. Wenn die Wehrmacht schon wieder einen großen Sieg errungen hat und der Feind so richtig kleingemacht wurde. Das war wie ein Festtag bei uns in der Gegend; ich glaube aber, auch überall anderswo in Deutschland. Da kamen alle zusammen, da gab es Schampus und vor allem Bier und Schnaps. Und angestoßen ist worden, bis die Gläser gesprungen sind. Wenn dann alle Männer so richtig besoffen waren, dann haben die die ganz großen Töne gespuckt. So von wegen ‚heute Deutschland, morgen die ganze Welt!‘ Da wurde dann gewettet, welches Land als nächstes dran glauben müsse, und warum ausgerechnet dieses Land es verdient hätte, als nächstes „an die Reihe“ zu kommen. Da gab es dann auch immer den „deutschen Schluck“, bei dem Schnaps und Bier im Glas gemischt wurden und etwas Himbeersirup als „Blutopfer“ mit rein kam. Das wurde dann reihum auf Ex getrunken und wieder aufgefüllt. Das war eine ganz eigenartige Angelegenheit! Das wird so nicht wiederkommen. Das war auf diese Weise nur in dieser speziellen Zeit möglich. Das war einfach so eine Art Kulthandlung wie bei den primitiven Völkern.

Nicht ein einziger von denen hat sich die Landkarte angeschaut oder den Globus. Dann hätte der nämlich vielleicht auch gesehen, dass Deutschland sich nicht urplötzlich von Polen über Norwegen und Frankreich bis nach Griechenland ausdehnen kann, weil das einfach zu wenig Soldaten dafür sind. Man muss ja auch dran denken, mit jedem Gefallenen wurde es schwieriger. Deshalb haben die dann auch die ganzen Jungen und Ganzjungen in die Wehrmacht eingezogen; die Nazis hatten ja niemand anderes mehr zur Verfügung. Dann gab's auch noch so einen Krampf wie das „Mutterkreuz“, das haben die gekriegt, die für den Führer daheim oft genug die Beine breit gemacht haben. Das ganze Tamtam um die Mutter ist doch nur gemacht worden, damit die Nazis Nachschub bei den Soldaten haben würden. Nach dem Krieg haben viele sich für das Mutterkreuz geschämt, aber während des Dritten Reichs wurde das wie ein Orden getragen, vor allem am Muttertag.

Als es dann nicht mehr so gut lief mit dem Krieg führen, da haben die Nazis auch daheim die Schrauben angezogen. Da wurde rationalisiert, da haben die Leute gehungert und die Parteiler haben davon geredet, dass alle Opfer für den Endsieg bringen müssten. Das war vor allem dann suspekt, wenn der Göring das gesagt hat, der war ja so fett. Bald wurden die Spaßmacher und Witzereißer auch noch verfolgt. Und so manch einer, der etwas gegen den Krieg gesagt hat, der wurde angeschwärzt und verschwand auf Nimmerwiedersehen.

Doch damit haben die den Krieg auch nicht gewinnen können. Spätestens nach Stalingrad war im Deutschen Reiche Katerstimmung an jeder Ecke. Dazu kam ja noch, dass die Briten und die Amis ab und zu vorbeigeschaut haben und uns was auf den Kopf geschmissen haben. Das war nach den Luftangriffen eine komische Stimmung: Da waren die Leute auf der einen Seite verzweifelt und voller Angst und wollten nur noch, dass der Krieg aufhört. Aber auf der anderen Seite waren die so voller Hass gegen die Briten und die Amis, dass sie schworen weiterzumachen, um Rache zu nehmen.

Man wusste ja auch nicht, wie es wirklich stand um den Krieg. Im Radio kam immer nur „Endsieg, Endsieg", der aber Woche um Woche auf sich warten ließ. „Endsieg um eine Woche verschoben" war so ein Satz, den viele hinter vorgehaltener Hand gesagt haben, der aber einen in schlimmste Schwierigkeiten bringen konnte. Das war Zersetzung der Wehrkraft. Im schlimmsten Fall wurde man dafür aufgehängt.

Allmählich aber, wenn man genau hingehorcht hat, konnte man auch beim deutschen Sender hören, dass es für uns nicht so gut aussieht, wie immer behauptet wurde. Da wurde „in heroischer Abwehrschlacht der Feind zurückgedrängt", oder „der Raum um die So-und-so-Stadt unter großer Anstrengung gehalten." So hört sich doch kein Endsieg an, das wussten wir. Nur laut sagen, das konnte man auf keinen Fall.

Wenn wir die Feindsender gehört haben, also den Amerikaner oder den Engländer, dann mussten wir sehr vorsichtig sein. Man musste ja kein Englisch können, die hatten schon alles auf Deutsch, weil sie ja auch wussten, dass Deutsche sich das anhören, wenn die Nachrichten bringen. Selbst bei uns im Haus hatten wir zwei Lauscher, die hätten uns eiskalt angeschwärzt, wenn die das gewusst hätten. Also haben wir das gute Radio nur unter einer Decke angeschaltet und nur einer von uns ist unter der Decke gewesen und hat zugehört.

Derweil lief das andere Radio, der Volksempfänger in der Küche, recht laut mit dem deutschen Gerede. Dann waren die sich sicher, dass bei uns nur der

Reichssender lief. Wir konnten ja nicht vorsichtig genug sein, weil auf das Anhören von Feindsendern die Todesstrafe stand. Noch schlimmer war, wenn man das, was man gerade gehört hatte, dem Falschen weitergeflüstert hat. Auch das wurde als Hochverrat angesehen und schon war man am nächsten Baum. Das hört sich so verrückt an, aber das ist bei uns nicht nur einmal passiert. Das war oft so, vor allem, je näher es an das Ende ging.

In der Stefanstraße haben sie tatsächlich einmal eine Mutter mitgenommen, die beim Schlangestehen jemanden hinter vorgehaltener Hand erzählt hat, dass die Amis schon in den Ardennen sind. Die kam nicht wieder. Die hatte zwei Kinder aufs Land geschickt, das waren nun Waisen. Das war den Nazis egal.

Als dann der verfluchte Krieg endlich vorbei war, da musste man besonders aufpassen. Es war ja noch kein Frieden und wer sich allzu freundlich mit den Amis gegeben hat, dem haben dann die treuen Kameraden einen Besuch abgestattet. Da ist noch Ende Mai 1945 einer in der Südstadt erschlagen worden. *(Sc. Historisch bislang nicht belegbare Behauptung).* Aber so allmählich war klar, dass das Dritte Reich endgültig vorbei war.

Da gab es wirklich ein Aufatmen. So fast über Nacht verschwand der ganze Einfluss, den die Nazis noch auf die normalen Leute hatten. Die Uniformen wurden weggeworfen oder auf dem Speicher versteckt. Manche ganz Blöde haben ja geglaubt, dass sie die Uniformen und das Parteibüchlein nochmal brauchen könnten. Aber den meisten war schon klar, dass man in absehbarer Zeit sich nirgendwo mehr in so einer Uniform blicken lassen könnte, nicht einmal an Fasching.

Das Aufräumen haben die Nazis dann wieder den einfach Leuten, halt dem kleinen Mann und vor allem der kleinen Frau überlassen. Die haben dann die Ziegelsteine vom Mörtel freigeklopft, die haben den Pfarrer gerufen, wenn aus einem Schutthaufen wieder einmal eine Hand herausgeschaut hat.

Die Großkopferten von damals waren da schon wieder in den Ämtern und in der Verwaltung oder bei der Bullerei *(sc. Polizei)*. Da waren die noch lange zu finden. Unsereiner war nur froh, lebend da durchgegangen zu sein und lebend am anderen Ende wieder rauszukommen. Mehr konnte man eigentlich nicht verlangen und die meisten hatten weniger als das.

43.
„Diese ganzen Demagogen heutzutage mit ihrem ewigen Nachtarock!"
Rudolf H., Jahrgang 1908, Aachen.

Man spricht eigentlich nicht gerne über diese Zeit. Da geht es ja um ganz persönliche Dinge, um Entscheidungen, die man getroffen hat aus einer damaligen Situation heraus. Man hat sich das sehr gut überlegt und abgewogen. Und dann ist man zu dieser Entscheidung gestanden, weil man es für richtig gehalten hat. Man wird da als Individuum befragt und auch angeklagt für etwas, das in einer gigantischen Gemeinschaft vonstatten ging. Wie soll da der einzelne verantwortlich sein, das frage ich immer.

Was das Dritte Reich ausgemacht hat, war, dass es Volkes Wille war. Natürlich hat die Politik die öffentliche Meinung beeinflusst. Aber mal ganz ehrlich: Jede Politik sucht die öffentliche Meinung zu beeinflussen, das ist an sich nichts Verwerfliches. Und umgekehrt beeinflusst die Meinung der Öffentlichkeit die Politik. Dass die NSDAP das besser konnte als andere, dass sie es fast perfekt konnte, das allein ist ja nicht verboten.

Also, wenn dann heute einer kommt und sagt: „Wie konntet ihr damals nur? Warum habt ihr Adolf Hitler nicht verhindert?", dann zeigt das nur, dass er das nicht verstehen kann, weil er es wohl auch nicht verstehen will. Solche Salonbolschewiken und Ideologen kann ich nicht ab! Die waren nicht dabei, die haben keine Ahnung, die sollen ihren Rand halten!

Ich habe mir nichts vorzuwerfen. Was getan werden musste, wurde getan, und Befehl ist Befehl. Wenn ich dafür mich rechtfertigen muss, dann lebe ich in der falschen Zeit. Was soll das für ein Land sein, in dem Gesetz und Befehl erst hinterfragt werden müssen, bevor sie ausgeführt werden? Das ist doch absurd. Das ist genau diese Absurdrepublik, in der wir jetzt heute leben.

Diese ganzen Demagogen heutzutage mit ihrem ewigen Nachtarock, die sind mir sowas von zuwider!

Ich denke, ich habe alles dazu gesagt, was zu sagen ist.

44.
„Wir hätten noch zwei Monate gebraucht, nur acht Wochen durchhalten."
Hans H., Jahrgang 1900, Berlin.

Ich sag Ihnen was, was heute keiner mehr laut sagt: Das Dritte Reich, das war eigentlich alles ganz anders, als man es heute sagen darf. Es war verdammt knapp im Kriege, verdammt knapp. Das hätte auch ganz anders ausgehen können. Dann wären wir Deutsche heute die lachenden Sieger und die Amis und Russen, die wären am Boden oder die gäb's gar nicht mehr. Wir hätten noch zwei Monate gebraucht, nur acht Wochen durchhalten, dann hätten wir die ganzen Alliierten im Sack gehabt.

Wie das hätte gehen sollen? Das sag ich Ihnen! Das wäre freilich gegangen, weil wir an Waffen gebaut haben, da hätten die Amis nur staunen können. Wir waren so nahe dran, so nahe… Strahlenkanonen, Riesenpanzer, Hochsee-Panzer-U-Boote. Darüber hinaus und später von den Amis erfolgreich getestet: Die Atombombe. Eine geniale deutsche Erfindung. Dem Otto Hahn in Geiselhaft durch die Amis herausgepresst.

Hitler hat es ja sogar schon öffentlich angekündigt, dass die Wunderwaffe kommt. Vieleicht hätte er das besser nicht getan, vielleicht war das ein strategischer Fehler. Mit den Vergeltungswaffen hatten wir dem Engländer ja schon zuvor gezeigt, wozu deutsche Wissenschaft fähig ist. Der Engländer hat sich fast in die Hose geschissen, weil wir aus dem Nichts zuschlagen konnten. Niemand konnte mehr sicher sein. Keine Vorwarnung. Dann dazu die deutsche Luftwaffe! Die Düsenjäger standen ja schon in Österreich in den Hangars, aber die große Wunderwaffe, die hätte das Blatt im Handumdrehen gewendet. Da hätten wir mit einem Handstreich die ganze Bagage von der Landkarte gefegt.

Ich habe mir nach dem Krieg Literatur dazu besorgt und meine eigenen Forschungen betrieben. Übrigens ein sehr interessantes Thema und nicht unumstritten in so manchen Kreisen. Ich hatte ja auch ein paarmal Besuch von den Herren im grauen Anzug, die wissen wollten, warum ich mir nur solche Bücher in der Bibliothek bestelle. Die haben wohl gedacht, ich bau die Atombombe daheim in der Waschküche, diese Deppen! Naja, rein theoretisch wäre das schon möglich gewesen. Ich wage zu behaupten, dass ich mich sehr gut auskenne mit all diesen sogenannten Wunderwaffen. Das ist eine Art Leidenschaft von mir. Ich würde sie eher Wissenschaftswaffen nennen, denn da geht es ja nicht um Wunder, sondern um Forschung und Erkenntnis. Darin sind wir Deutsche nicht nur gut, sondern besser als all die anderen Nationen. Als alle diese Nationen zusammen, wage ich zu behaupten.

Ich sollte da eigentlich als erstklassiger Experte gelten; als einer, den man achtet, der um seinen Rat und seine Meinung gefragt wird bei Expertenrunden im Fernsehen und so weiter. Aber ich bin ja ein bescheidener Mensch. Es waren ja auch mehrere „Wunderwaffen", an denen im Reich gebaut wurde. Die Atombombe war sicher eine davon, aber eben nur eine. Da waren Sachen dabei, da wären uns allen die Augen herausgefallen, so unglaublich war das! Die Glocke *(sc. ein Rüstungsprojekt des Dritten Reichs)* war kurz vor der Fertigstellung. Ich sage nur: Wenn die Menschheit wüsste, was da bald noch aus dem Reich gekommen wäre, dann hätte sie das lieber gar nicht gewusst. Da kriege ich heute noch Gänsehaut. Brr, schrecklich!

Tja, was aus all diesen Plänen für all diese Waffen geworden ist, das kann man heute nicht sicher sagen.

Vermutlich haben die Amerikaner dieses sagenhafte Wissen in irgendeinem Archiv verschwinden lassen. Wahrscheinlich haben die nicht verstanden, ja gar nicht verstehen können, was sie da in der Hand halten. Wenn die nur wüssten! Ich meine, die Russen, die hätten ganz bestimmt nicht verstanden, um was es da geht. Beim Russen erwartet man sich ja keine große Geistesgröße. Bei den Russen hätte ich da keine Gefahr gesehen. Ich erzähl Ihnen ein Beispiel:

Wir waren ja bei den Russen gefangen, kurz vor Schluß, bei Torgau. Als die uns gefangen genommen hatten, standen wir in einem kleinen Raum, so einer Art Scheune zu viert herum und da kam ein russischer Offizier, wohlgemerkt ein Offizier, mit Wasserhähnen rein und hat verlangt, dass wir die in die Wand schlagen, so dass Wasser heraus kommt. Wir haben ihn nur angeschaut, weil diese Leute wirklich rückständig und dumm waren. Selbst die Offiziere.

Nein, ich selber habe im Krieg nicht an Wunderwaffen mit gebaut. Ich war doch am Atlantikwall, ich musste im Funk mitbekommen, dass anderswo die Alliierten gelandet sind. Wir saßen in unserem Bunker an der Küste und haben das Meer mit Ferngläsern abgesucht, ob denn der Feind kommt. Wir wären bestens gerüstet gewesen. Das Doppelgeschütz konnten wir ganz flink nachladen; da wäre keiner mit seinem Boot an uns vorbeigekommen. Wir saßen also da und warteten und dabei haben wir dauernd gehört, wie im Bereich Bayeux schwerstens gekämpft wurde. Das war ein komisches

Gefühl zu wissen: Der Feind ist nur deshalb bei uns nicht zu sehen, weil er anderswo schon in großer Zahl gelandet ist. Man hätte doch seinen Teil beitragen wollen! Wir standen doch bereit, aber wir wurden anscheinend nicht geprüft. Das muss nichts schlechtes sein. Wer weiß, ob ich an anderer Stelle den nächsten Tag noch erlebt hätte.

Da kam der Leutnant zu mir in den Posten rauf und hat gesagt: „Sie können mit dem Beobachten aufhören. Die Tommies sind schon bei Caen an Land. Die werden wohl kaum bei uns auch noch landen wollen."

Es war eine ganz seltsame Stimmung in der Messe, als ich 'runterkam. Die einen Kameraden wollten irgendetwas tun, um die Angreifer zurückzuwerfen, wollten ihren Kameraden helfen, weil der Funk sich wirklich nicht gut anhörte. Aber sie durften ihren Posten natürlich nicht verlassen. Andere haben an eine Finte der Tommies geglaubt und gesagt: „Wartet nur ab, der richtige Angriff, der kommt noch. Wahrscheinlich dann bei uns." Wieder andere haben bereits angefangen, ihre sieben Sachen einzusammeln und zu räumen, weil sie schon ahnten, dass es für uns Deutsche bald hauptsächlich rückwärts gehen würde. Man musste sich nur den Nachschub anschauen: Lauter grüne Jungs kamen da als Entsatz. Da war schon seit Monaten kein echter Soldat mehr dabei. Das war aber auch eine gute Sache. Die jungen Soldaten, die glaubten noch an den Sieg! Die wollten sich und der ganzen Welt noch etwas beweisen! Die alten Haudegen, die hatten doch schon so viel Schlimmes gesehen, die haben doch an nichts mehr geglaubt.

Natürlich wurde da noch nicht vom Kriegsende gesprochen, aber diese Lage war für uns neu: Auf einmal war der Feind nicht weit weg in Russland, oder wurde am Balkan kurzgehalten, sondern er stand keine 50 km weit weg bereits an Land. Man hörte den Geschützdonner und der Feind war drauf und dran, auch gegen uns zu ziehen.

Am Schluss des Krieges hat es mich dann an die Elbe verschlagen. Das war bei Torgau. Eigentlich war das nur noch Scharmützel und natürlich Hilfestellung für all die, die über die Elbe weg von den verfluchten Roten wollten. Dabei geriet ich dann leider in russische Gefangenschaft. Ich wurde aber mit drei weiteren Kameraden tags darauf an die Amerikaner überstellt. Das war eigentlich alles halb so schlimm. Die Amerikaner wollten immer wissen, wo es etwas zu holen gab, Wertsachen und so weiter. Das waren richtige Räuber, die Amis. Die sind in die alten Kirchen rein und haben die Tabernakel leergeräumt. Da war für mich die Grenze überschritten. Das macht man nicht, Sieger hin oder her. Da habe ich gewusst: Die Amis, das ist ein Volk ohne Anstand. Kultur? Nix Kultura. Fehlanzeige!

Heutzutage sind wir ja selber Klein Amerika, nicht nur weil die Amis überall ihre Kasernen und ihr Militär haben. Unsere Jugend kaut Kaugummi, hört Beatmusik und Jazz. Die Mädchen laufen herum wie Schauspielerinnen. Die Jungs schauen mit langen Haaren teilweise aus wie die

Frauen. Uns ist ja selber jeder Anstand abhanden gekommen. Ist doch so! Da sage ich mir, es wäre uns einiges erspart geblieben, wenn die Amis nicht gewonnen hätten.

45.

„Gerecht ist das nicht, weil wir heutzutage die Sündenböcke sind, so wie damals die Juden."

Grete N., Jahrgang 1912, Danzig.

Das mit dem Dritten Reich, diese Sache, das machen sich ja viele heutzutage leicht, das zu verurteilen. Da wird schnell ein Urteil gefällt über eine Generation, bei der sich viele nichts, aber auch gar nichts haben zu Schulden kommen lassen. Was kann der kleine Mann dafür, wenn die große Politik die Verbrechen begeht? Nichts kann er dafür, nullkommagarnichts! Aber er muss es büßen und die da oben, die kommen wieder einmal ohne Strafe davon. Das ist nun einmal so, das war so und das wird immer so bleiben. Man nimmt es hin, steht wieder auf, schüttelt sich und geht zur Tagesordnung über. Es muss doch weitergehen. Ungerecht ist es aber doch.

Da wirft man uns die Arbeitslager vor und die Judenvernichtung, aber wie viele Deutsche waren denn daran beteiligt? So viele können das nicht gewesen sein. Die waren doch alle an der Front. Also mir ist kein einziger bekannt. Nicht ein einziger! Doch wir werden hingestellt als eine Nation, ja was sag ich, eine Generation von Kriegsverbrechern. Gerecht ist das nicht, weil wir heutzutage die Sündenböcke sind, so wie damals die Juden. Nur von den Juden wird geredet, aber was ist mit der Schuld an uns Deutschen?

Ich kann es frei heraus sagen: Was wir, die Familie N. in der Nazizeit gemacht haben; das ist kein Geheimnis. Wir sind unserer normalen Arbeit nachgegangen. Wie jeder andere anständige Mensch nämlich auch.

Mein Vater war Kaminkehrer. Der hat bei jedem den Kamin gekehrt, bei Parteigängern genauso wie bei den anderen. Sogar bei den Juden hat er den Kamin gekehrt, solange das noch statthaft war. Auch wenn die immer so schlecht gezahlt haben. Er hat immer gesagt: „Der Kamin ist bei allen Leuten gleich schmutzig."

Mein Vater hat sie alle gekannt, die Großen in der Partei, die kleinen Mitläufer, aber natürlich auch die Zauderer und Bremser. Die Unkenrufer und Besserwisser. Die hat es ja auch gegeben. Der Vati hat ganz genau gewusst, bei wem im Wohnzimmer ein Führerbild hängt und wer nur schnell ein Hitlerbildl aufhängt, wenn Fremde zu Besuch kommen. Solche gab es nämlich auch, solche, die eigentlich dagegen waren. Der Vati wusste, wer überzeugt bei der Sache ist und wer nur so tut, damit er seine Ruhe hat. Das hat er immer gesagt: „Die werden schon sehen, was sie davon haben, wenn sie nur so tun als ob. Denen wird man schon noch draufkommen, über kurz oder lang. Dann wart nur, was dann los ist!"

Den Vati haben die Nationalsozialisten natürlich auch ab und zu gefragt, wen er denn so kennt und wer ein Wankelmütiger ist. Oder auch, wer ein guter Parteigänger ist und wer nicht, weil er ja bei allen Leuten in die gute Stube schauen konnte. Der Vati hat ein gutes Gedächtnis gehabt und ein kleines schwarzes Büchlein. Da hat er sich das notiert, was ihm so aufgefallen ist, wenn er bei den Leuten war. Das war ja nicht verboten, oder?

Tja, und weil er so gut Bescheid gewusst hat – besser als er hat es wohl nur der Pfarrer im Beichtstuhl gewusst, hahaha – konnte er auch gut Auskunft geben über so manchen Zeitgenossen. Was meinen Sie denn?! Das hat uns damals richtig Vorteile gebracht! Denn natürlich hat mein Vater da nicht hinter dem Berg gehalten; er hat schon gesagt, wenn einer nicht so recht mitgezogen hat oder gar wenn der große Reden daheim gegen den Führer geschwungen hat. Das wäre ja auch nicht gegangen, da zu schweigen, wenn er gefragt wird, der Vati. Das ist ja seine staatsbürgerliche Pflicht gewesen! Der Vati hätte ja selber Schwierigkeiten bekommen, wenn er solche Drücklinge deckt. Aber er hat sich vorher immer versichern lassen, dass sein Name aus dem Spiel bleibt. Dass nicht gesagt wird, wer die Angaben zu den Quertreibern gemacht hat. Das war ja schließlich auch die zahlende Kundschaft, über die er da geredet hat. Da hat er den Leuten noch nachher ins Gesicht schauen können wollen. Der Vati hat dafür von den Parteigenossen so manche Vergünstigung bekommen. Sogar Kaffee haben wir einmal erhalten, obwohl der eigentlich schon lange nicht verfügbar war. Die Mama hat zwar gesagt, dass der Kaffee mit Sägemehl gestreckt ist, aber dem Vati hat er geschmeckt. Er hat gesagt: „Was ehrlich verdient ist, das schmeckt auch gut."

Wir haben dann die Verwandtschaft zum Kaffee eingeladen, aber Onkel Heinz kam nicht. Er sagte, er will unseren „Blutkaffee" nicht. Den sollen wir selber trinken. Alle haben gedacht, es wird bestimmt Streit geben und der Vati wird richtig schlimm böse sein. Aber Vati war ihm nicht böse und meinte nur: „Wer meinen Kaffee nicht will, der hat ihn sich ja auch nicht verdient. Soll mein Bruder bleiben, wo der Pfeffer wächst."

Mit der Zeit hat sich das für Vati gelohnt, so dass er dann von selber zum Amt gegangen ist und erzählt hat, was er so über die Leute herausgefunden hat. Vati hat uns gesagt: „Jeder leistet seinen Beitrag, damit der Staat funktioniert."

Schade, dass wir fliehen mussten, denn Vati hätte schon noch eine lange Zeit weitermachen können. Bis zu seiner Rente wären es noch Jahre gewesen und es war ja auch einträglich. Nur der Onkel Heinz hat gemeint, dass ihm doch allmählich die schlechten Leute ausgehen müssten, weil Vati sie alle gemeldet hat. Da hat der Vati gesagt: „Pass du bloß auf, dass ich dich nicht auch einmal melde", und hat gelacht. Aber der Heinz war sauer.

Ich kann mich nur an ein einziges Mal erinnern, dass jemand den Vati darauf angesprochen hat. Das war schon im Lager, als wir geflohen waren. Da kam eine Frau auf uns zu und hat gesagt: „Du bist doch der verfluchte Schlotfeger! Da dank ich dir dafür, dass du so viel über uns erzählt hast, nicht wahr? Du Schwein! Da ist dem Führer nicht langweilig geworden mit deinen Märchen, du elender Lump." Der Vati hat lieber nichts drauf gesagt und sie hat ihn eine Zeit lang angeschaut und ist dann weggegangen. Vati meinte, er kenne sie nicht und er kann sich eigentlich alle Gesichter merken, damit er weiss, welche Kundschaft gezahlt hat und wer ihm etwas schuldig geblieben ist.

46.
„So wählt der liebe Gott aus, wer weiter bestehen soll, weil er seine Rasse, seine eigene Art voranbringt."
Reinhardt S., Jahrgang 1916, Oberfranken.

Freilich habe ich dazu etwas zu sagen, zu der ganzen Zeit, die jetzt immer so übel verteufelt wird. Ich sage, das wäre so oder so so gekommen, das mit dem Krieg. Die jungen Burschen, die brauchen doch schon immer, schon seit jeher, seit aller Ewigkeit etwas, an dem sie sich ihre Hörner abstoßen können. Das ist einfach in unserem Naturell als Mensch, das ist einfach so, wie die Menschheit nun einmal ist. Das kannst du beim guten alten Darwin nachlesen: Nur der Stärkste überlebt, egal ob

Mensch oder Tier. Die Schwachen, die gehen zu Grunde, die schaffen es einfach nicht, die sterben aus. Der Starke, der macht die anderen fertig. Das steckt in jedem Tier, das steckt in allen Menschen, in jedem von uns, auch in dir und mir. Das kann man fortreden, das kann man leugnen wie man will, aber es wird immer so sein.

Das ist das Gesetz der Natur. Die jungen Männer, die handeln danach, die hauen sich die Köpfe ein, wenn sie alt genug sind. Erst auf dem Schulhof, dann auf der Kärwa *(sc. Kirchweih)* und es muss halt so sein: Die einen packen es, die anderen halt nicht. Das muss auch so sein, so wählt der liebe Gott aus. Wer weiterbestehen soll, weil er seine Rasse, seine eigene Art voranbringt. Da geht's auch drum, wer macht dem Volk die Nachkommen, die Kinder? Und wer besser nicht, weil sein Körper von der Natur als zu schwach ausgelesen wurde. Schau es dir doch an: Jeder Bauernkrieg, der Dreißigjährige Krieg, die Völkerschlacht bei Leipzig, Achtzehneinundsiebzig, Vierzehnachtzehn, das war, wenn man einmal ohne ideologische Scheuklappen hinschaut, nichts anderes als eine Auslese der Natur.

Natürlich ist das brutal, natürlich können einem die einen leid tun, die es erwischt. Aber wenn man einmal die falschen Emotionen weglässt, dann weiß man: Es tut der Menschheit an sich schon gut, denn es bringt die Gattung Mensch voran.

Der letzte Krieg *(sc. der Zweite Weltkrieg)* hat das dann aber alles auf den Kopf gestellt. Die ganzen Schwachen, der ganze Bodensatz der Natur, haben sich gegen die

Starken verbündet. Und die Starken haben eben nur eine bestimmte Zeit lang durchhalten können, dann waren die Schwachen für sich genommen zwar nicht stark genug, aber zu viele. Ich habe einmal gesehen, wie lauter Ameisen einen Käfer umgelegt haben. Alle auf einen! Am Schluss war der Käfer voll mit Ameisen, er war übersäht; er wusste, dass er stärker war als die Ameisen, aber die waren einfach zu viele. Genau so war es, wenn du mich fragst, mit den Deutschen im Krieg.

Da hat das Starke gegen das ganze Schwache gekämpft, das hat man doch gesehen: Frankreich, Polen, die Tschechei, die wurden einfach weggefegt. Blitzkrieg heißt halt nicht umsonst Blitzkrieg. Da ging es so schnell, dass es so manchem Franzenmann schwindlig geworden ist. Das war doch keine Armee, diese Frösche! Die haben sich in ihrer Bunkerkette wie die Maulwürfe eingegraben *(sc. mit der Maginot-Linie)* und auf uns gewartet. Die haben gedacht, wir laufen ihnen ins Messer. Wir Deutsche sind blöd oder so. Aber wir haben die einfach in ihrem Bunker hocken gelassen und sind außenherum gegangen. In einem großen genialen Schwenk über Belgien. Schwupps, da waren wir hinter den Franzosen und haben die Bunker wie die Walnüsse geknackt. Die depperten Franzosen saßen da drin und hatten nur Kanonen, die nach Deutschland geschaut haben. Aber wir waren hinter ihnen, in Frankreich! Da hat sich wieder einmal gezeigt, wer hier die überlegene Nation ist. Die anderen Länder – Holland, Belgien, Dänemark – das kann man doch nicht als ernsthaften Widerstand bezeichnen. Naja, haben sich ja dann auch einige bei uns verdingt, vor allem Holländer, gell. Das waren tapfere Männer.

Selbst bei den Russen ging es zack, zack, zack und weg waren die. Nur, dass die uns halt ins Leere laufen gelassen haben. Und von der anderen Seite, von hinten, hat der Amerikaner die Russen mit Waffen und Essen und allem Drum und Dran versorgt und wir standen alleine in der Taiga. Gefroren haben wir wie die Schneider, gehungert, Läuse, die Scheißerei und weiß der Teufel was da noch war, schimmeliges Brot und alles. Aber wir waren nicht so leicht klein zu kriegen. Da hat es schon endlos Mensch und Material gebraucht, um uns zu besiegen.

Aber so ist es ausgegangen: Die ganzen Schwachen, diese Nationen, haben gesiegt und die Starken, die müssen seitdem mit ansehen, wie die Schwachen Schritt für Schritt sicherstellen, dass die Starken immer schwächer werden. Bis sie auch zu den Schwachen gehören. Das ist die bekannte Gleichmacherei.

Dieses „Alle Menschen sind gleich", dieses Motto, das kommt aus Frankreich, von der Revolution. Das ist der größte Blödsinn! Wir sind alle nicht gleich! Wir sind ungleich! Es gibt Fittere und Fettere, es gibt Schlaue und Dumme, Starke und Schwache, Neger und Weiße. Gleich ist da nichts. Absolut nichts! Das ist doch totaler Blödsinn. Das musst du dir einmal vorstellen: Das Resultat vom Krieg ist, dass man mit aller Macht versucht, die Starken kaputt zu machen. Sozusagen gleich sein, heißt in der Logik der Sieger, dass alle gleich schwach sind. Das ist doch absurd.

Natürlich nehmen die dann so hehre Schlagworte wie „Nie wieder Krieg!" Das kommt heutzutage ja gut an, bei den Bartmenschen und Langhaar-Affen. Die können dann für Frieden und so weiter protestieren. Aber die Wahrheit ist doch: Wir werden hier in Deutschland fettgefüttert, damit wir faul werden und schwach, und unser Hirn wird auch eingefettet, mit all dem amerikanischen Dreck, mit Cola und Popcorn. Wunderst du dich denn nicht, dass da gleich die Carepakete gekommen sind? Die kamen doch nicht nach Deutschland als Dankeschön dafür, dass wir so viele Amis erwischt haben. Die sind Teil von der Riesenverschwörung, die aus uns starken schwache Menschen machen soll. Das kommt doch alles nicht von ungefähr, das hat doch Methode! Da sagen die Amis, sie haben den Marshall-Plan nicht durchgezogen. Und ich sage dir: Schau dich doch mal um, die haben den sehr wohl durchgezogen! Sogar auf Biegen und Brechen. Mir kann doch keiner weismachen, dass man etwas anderes will als einen satten Deutschen, der auf der faulen Haut liegt. Das sieht doch ein Blinder.

Und weisst du warum? Weil die eine Scheißangst vor uns Deutschen haben. Eine riesen Scheißangst haben die, weil die wissen, wozu die Starken imstande sind, wozu wir imstande sind. Und weil die Schwachen da nur mit großen Augen staunen können. Deswegen halten die zusammen, weil sie wissen, was wir drauf haben.

Die haben uns am Sack, die Amis: Fernsehen, Zeitung, Essen, Kultur, alles nur noch Amerika. Nur noch Jazz und Elvis-Typen oder Langhaarige. Und unsere Mädchen werden als Fräuleins leichte Beute für die Neger. Das ist der eigentliche Untergang. Der geht etwas langsamer, aber er wird sich nicht aufhalten lassen. Ich hab eine nationale Zeitung abonniert; ja, das gibt es noch! Das haben sich die Amis nicht ausgerechnet mit ihrer Pressefreiheit, aber patsch, da haben sie es! Die Schwestern hier im Heim sagen immer, ich soll doch mein Geld nicht für solchen Mist ausgeben, aber ich lasse mir nichts verbieten Ich bin nicht bei Minus 20 Grad Wache am Don gestanden, um heute ein linke Hetzblatt wie den elenden „Spiegel" zu lesen.

47.
„Wir heben das für die Juden auf und bei uns kommt gewiss nichts weg."
Adelheid „Heidi" W., Jahrgang 1908, Schlesien.

Das Dritte Reich war für mich ganz sicher kein Honigschlecken. Wir waren keine armen Leute, das sicher nicht. Wir hatten ein paar Bedienstete, eine Etage in der Fabrikantenvilla. Mein Mann war zwar selber kein Direktor, kein Industriekapitän, aber er hat sie alle gekannt. Er war Buchhalter. Kein kleiner, sondern der Abteilungsleiter. Sein Motto war: „Entweder es ist richtig oder falsch." Etwas anderes gab es für ihn nicht. Er war sehr akkurat. Bei ihm hat jeder Pfennig gestimmt. Natürlich hatte das auch seine Schattenseiten, so zum Beispiel, wenn er die gekochten Kartoffeln nachgezählt hat, weil er die auch vorher, also vor dem Kochen, gezählt hatte. Wehe, wenn da eine Kartoffel gefehlt hat! Da musste er nicht lange fragen, da hat er seinen Gürtel abgemacht und dann hat das Mädchen *(sc. die Haushaltskraft)* den Gürtel bekommen. Mit den Kindern war es auch so, er hat sich eine Zeitlang angeschaut, wenn der Ferdl, der Jüngere, sich verschrieben hat und dann gab es ein paar Ohrfeigen. Nicht wegen der Fehler, hat er gesagt, sondern weil der Ferdl Tinte und Papier verschwendet hat.

Mein Mann hat dann für die Juden gearbeitet. Wenn die in ein Lager gekommen sind, da hat er ihnen geholfen und hat die Wertsachen aufgeschrieben, die die Juden abgeben mussten. Mein Mann hat gesagt: „Das ist sicherer, Heidi, die Juden sind ein unehrliches Volk, die bestehlen sich gegenseitig. Wir heben das für die Juden auf, und bei uns Deutschen kommt gewiss nichts weg."

Einmal hat er etwas nach Hause gebracht, es war Schmuck. Ob der echt war, das weiß ich gar nicht. Er hat mir gesagt: „Die Besitzerin ist in ein anderes Lager gekommen und hat den Schmuck vergessen; da habe ich das mitnehmen dürfen." Er hatte sogar den Durchschlag von der Quittung. Das war mir genug der Erklärung. Ich hab die Ohrringe ganz gern getragen; die hatten kleine Steinchen drin. Aber dann hat einmal der

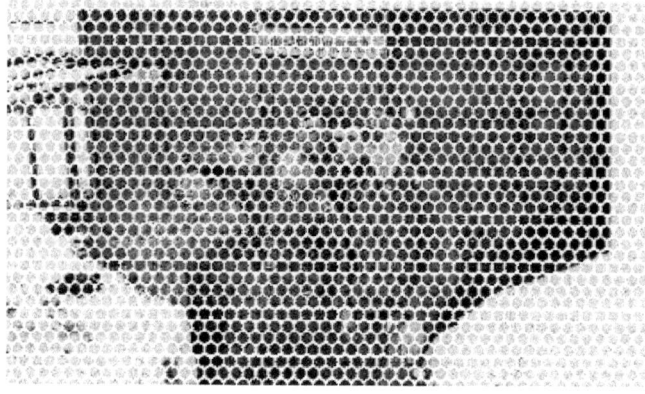

Schwager, Konrad hieß der, gesagt, dass das so jüdisch aussieht, wegen meinem dunklen Haar, da habe ich die Ohrringe lieber nicht mehr getragen. Man muss ja auf seinen Ruf achten.

Mein Mann jedenfalls, der hat von all dem Mist nichts gewusst, was die ihm nachher anhängen wollten. Stellen Sie sich das einmal vor: Da kommt dann ein Deutscher, der nach Amerika abgehauen ist vor dem Krieg, so ein vaterlandsloser Geselle, und sagt: „Herr W., Sie haben doch im Lager gearbeitet! Sie haben mitgeholfen, die Juden umzubringen."

Das ist doch lächerlich, der war doch selber Jude, diese Type! Der soll doch froh sein, dass es ihm nicht auch so ergangen ist; statt ehrbare Leute wie meinen Mann zu beschuldigen und in den Schmutz zu ziehen. Das kann doch nicht sein. Mein Mann hat auch gesagt: „Die sind doch nicht ganz gescheit, diese verdammten Amis. Nur weil ich die Wertsachen aufgeschrieben habe, deswegen ist doch keiner gestorben." Da hätten sie ihn beinahe noch eingesperrt.

Aber dann hat er einen gefunden, der für ihn ausgesagt hat. Der hat den Amerikanern, diesem fürchterlichen Kommissar, der so gut Deutsch sprach, klipp und klar gesagt, dass mein Mann ihn gerettet hat, dass mein Mann ihm das Leben gerettet hat. Da ist er wieder rausgekommen aus der Sache, weil er ja einen hatte, der sagte, wie gut mein Mann zu ihm gewesen war. Das hat meinem Mann eine hübsche Stange gekostet. Geld? Nein, nicht Geld: Zigaretten.

Jeder wollte damals Zigaretten, auch der, der ihm geholfen hat. Mein Mann hatte noch etwas Schmuck von irgendwoher und den hat er bei den Amerikanern gegen Zigaretten getauscht. Er bekam ziemlich viele Zigaretten für den Schmuck.

Der Helfer von meinem Mann, der Zeuge, der für ihn bezeugt hat, der hat sich das ja damals fürstlich bezahlen lassen. Mein Mann hat gesagt: „Nun sieh dir das an, Heidi! Da nimmt er drei Stangen Zigaretten dafür, dass er mir den Gefallen tut! Aber so sind sie halt, die Leute."

Mein Mann ist schon ein paar Jahre tot, aber er war ein ordentlicher Mensch und ich bewahre sein Andenken. Meine Söhne sehen das anders. Die denken, er hat viel falsch gemacht. Er hat es nie mit ihnen besprochen. Sobald jemand ihm etwas dazu gesagt hat, hat er nur gesagt: „Ich habe getan, was alle getan hätten. Ende der Unterhaltung."

48.
„Als es gegen Russland ging, kamen die Totenmelder jede Woche."
Karl K., Jahrgang 1906, Sudetenland

Bitte erwarten Sie sich keine große Rede von mir. Ich bin nicht der Mensch, der gerne viel redet.

Im Sudetenland waren wir alle froh, dass wir wieder heim ins Reich durften. Wir sahen ja, was der Hitler schon alles in Deutschland geschafft hatte. Wir sahen, dass es voranging. Da gab es sogar Autobahnen und bei uns hatten die meisten Straßen noch nicht einmal Asphalt. Ich würde sagen, der Anschluss war uns sehr willkommen. Weil wir uns erwartet haben, dass es bei uns im Sudetenlande von Vorteile sein würde, wieder zum Reiche zu gehören. Also ich meine, zu Deutschland zu gehören, denn „Reich" darf man ja heute nicht mehr sagen.

Natürlich war uns klar, dass es nicht nur ein Nehmen wird, sondern auch ein Geben. Beides gehört nun einmal zusammen, das Eine gibt es nicht ohne das Andere. Es ging sehr schnell bei uns. Kaum waren wir wieder in der Heimat, ging auch schon der Krieg los. Gegen die Polen. Und alle haben gehofft und gebetet: „Herr, lass es das gewesen sein." Ich kannte ja keinen, der irgendetwas mit den Polen am Hut hatte. Da hatte doch keiner einen Groll gegen die, das waren doch einfach nur die, die hinter dem Riesengebirge wohnten. Da gab es Schnaps zu guten Preisen; die waren arm, aber keine schlechten Leute. Jedenfalls, die Polen waren schnell erledigt. Aus unserem Städtchen ist keiner gefallen. Da waren viele schon sehr erleichtert.

Aber es hörte nicht auf. Frankreich, Norwegen, Holland, Afrika, da wurden die jungen Männer aus dem Städtchen hinbefohlen und dann, man ahnte es schon, dann kamen die ersten nicht wieder. Nur ein paar persönliche Sachen, nur ein paar Briefe oder eine Fotografie. Aber nicht einmal ein Leichnam, nicht einmal ein Sarg.

Bei den ersten paar Toten war man wirklich noch geschockt. Da war ausgerechnet einer darunter, mit dem mein Bruder Karten gespielt hat. „Der wird uns in der Runde fehlen", hat mein Bruder noch gesagt. Das war eigentlich ein feiner Kerl und der fiel in Holland, in der Nähe von Dünkirchen. Das müsste Sommer '41 gewesen sein. *(Sc. Richtig wäre Sommer 1940)*.

Dann ging es eigentlich sehr schnell, schneller als einem lieb sein mochte. Erst nur ab und zu. Als es gegen Russland ging, kamen die Totenmelder jede Woche.

Eine Nachbarin hat sogar eine Ferntrauung gemacht, weil ihr Liebster schon an der Front war. Der war dann verschollen und alle haben gedacht, dass sie schon Witwe ist. Aber der kam kurz vor Schluss zurück, weil er einen Arm verloren hatte. Der hat sich irgendwie durchgeschlagen, der ist abgehauen. Das war höchst gefährlich, selbst für uns, nur weil wir von dem wussten. Der war ja desertiert; damit war nicht zu spaßen. Da stand die Todesstrafe drauf. Der ist dann noch im ersten Winter nach dem Kriege an Wundbrand verreckt. Muss ganz elendig gewesen sein.

Bei uns im Städtchen hat es wirklich viele erwischt. Der Krieg war sehr hart zu uns gewesen. Ich denke, es war uns schon klar, dass das ein schlimmes Ende nehmen würde. Es war ja immer zu hören, dass überall schwer gekämpft wurde, dass Helden und Legenden sich in die Schlacht werfen würden.

Man hat das auch etwas verdrängt, so gut das ging, so nach dem Motto „Was ich nicht sehe, das geht mich nichts an". Schlimm wurde es erst, als eigentlich alles vorbei war. Der Krieg hatte sich viele geholt und wenige wieder herausgegeben. Als wollte er uns vorbereiten auf das, was für uns zum Schluss kam: die Vertreibung.

Da kamen Nachbarn zu uns, Tschechen, die schon meinen Vater als kleinen Bub kannten. Mit denen haben wir Kirchweih gefeiert, die hat man auf der Straße gegrüßt. Wir haben uns als Familie nie etwas zu Schulden kommen lassen, anderen gegenüber. Und diese Menschen, die kamen und haben uns fortgejagt.

Da wurden wir auf einmal behandelt wie die Tiere. Ich konnte ja nicht so schnell, wegen meinem Bein. Das hatte ich einmal unter einen Karren bekommen und seitdem gehe ich schief. Und meine Mutter hat mich geführt, und diese Leute haben nach meiner Mutter und mir getreten. Vati war noch zurückgeblieben im Haus und hat noch gepackt; und er kam und kam nicht. Dann kam eine Nachbarin und hat gesagt: „Schnell, lauft, die Tschechen kommen! Die bringen euch alle um!" Da sind wir gerannt. Ohne unsere Koffer, einfach nur gerannt.

Mein Vater kam nicht mehr. Die Tschechen haben ihn aufgehängt. Einfach so, weil er keiner von denen war. Die haben auch Polen aufgehängt und einen Ukrainer, der auf dem Feld arbeiten musste; den haben sie auch umgebracht. Die waren wie von Sinnen.

Das ist nun das, was ich vorhin gesagt habe: Wir Sudeten haben wenig bekommen, aber alles gegeben.

49.
„Ich bin da ja nicht aktiv mit herummarschiert. Nur bei den Geselligkeiten, da war ich ganz gerne dabei."
Johann G., Jahrgang 1914, Rheinland.

Diese Zeit, von der alle immer sagen, sie sei nur schlecht gewesen, die war für mich gar nicht so schlimm. Wissen Sie, ich bin ja ein „rheinisch Kind", also eine Frohnatur, der man so schnell nicht das Lachen austreibt. Ich meine, also verstehen Sie mich nicht falsch, bitte nicht falsch verstehen, natürlich hatte die Sache des Nationalsozialismus auch Schattenseiten. Mehr als genug.

Was damals gemacht wurde, das war natürlich aus der heutigen Sichtweise heraus nicht in Ordnung. Das war nicht zum Lachen. Da bin ich der erste, der das zugibt. Aber wenn Sie mich so ganz persönlich fragen, so hatte ich doch einige der schönsten Tage überhaupt in meinem Leben. Da sagen Sie: „Wie kann das sein? Ist der Alte bekloppt? Spinnt der wohl?" Warten Sie, gleich werden Sie es verstehen.

Die Machtübernahme, da kann ich mich kaum mehr dran erinnern. Da war ja Karneval bei uns daheim im ganzen Rheinland. Da haben wir etwas anderes zu tun, als wählen zu gehen. Bei uns am Rhein ist da ja Ausnahmezustand, da geht gar nichts mehr. Sogar die Büros haben zu, die ganzen Amtsstuben sowieso. Man muss feiern können; das ist eine besondere Tugend, sag ich immer. Na auf jeden Fall, dann war der Hitler da und das war uns schnuppe. Ich muss schon sagen, wir haben uns gesagt: „Wer hat denn den überhaupt gewählt?" War ja nicht so, dass man viel zur Wahl hatte. Entweder das alte Elend, also die, die uns schon seit Jahren vorgemacht haben, etwas oder noch besser alles wird nun besser, solange man nur für die stimmt. Oder die Neuen, die Braunen, die mir nicht geheuer waren, aber von denen man zumindest nichts Negatives wusste. Jeder hat sich dann gefragt: „Ist das der gleiche Mist in einer neuen Schachtel?" Jedenfalls war es bei uns dann so: Da war Karneval und wie alle wieder nüchtern waren, da begann für uns eine neue Zeit.

Ich war ja ein kräftiger Bursche, ich habe ja noch richtig unter Tage gearbeitet. Nicht so wie heute mit Pressluft und so, sondern noch richtig mit der Hacke.

Das war kein Zuckerschlecken und gefährlich war es auch. Ich sage nur „Schlagende Wetter", wenn Sie verstehen, was ich meine *(sc. Grubenunglück in Form einer Kohlenstaubexplosion)*. Das gab's bei uns bald jede Woche, und wenn mal der Schweiß erst rinnt, dann hat man keinen Helm mehr auf. Das geht nicht. Der schwimmt einem ja auf dem eigenen Kopf davon.

Ich bin dann in die Partei eingetreten. Ich habe mir davon ja nichts großes erwartet, aber das hat zu der Zeit doch jeder gemacht. Also rein in die Partei und gut ist's! Ich bin da ja nicht aktiv mit umhermarschiert; nur bei den Geselligkeiten, da war ich schon dabei. Da gab es erst einmal eine Ansprache und dann gab es für alle leckere Bierchen. Das gab es sonst nirgends. Sie müssen verstehen: Kein Mensch hat da zugehört, wenn der vorne etwas über Politik geredet hat. Was der so von sich gegeben hat, das war eigentlich allen egal; nur die Geselligkeit, die schönen Bierchen, das war schon recht geschätzt von allen. Die haben dann immer von den blonden Ariern geredet, aber das kühle Blonde aus dem Zapfhahn, das war einem dann am Ende doch wichtiger.

Politisch konnte mir nichts passieren. Ich hatte ja keine jüdische Verwandtschaft, keine roten Bekannten, kannte keine Zigeuner und schon gleich gar keine Hundertfünfundsiebziger *(sc. Homosexuelle)* und all das, was einem gefährlich sein konnte. Meine Elli, die war so blond, dass man meinte, die Sonne gehe auf, wenn die um die Ecke kam. Glaubt man nicht, wenn man sie heute so sieht, nicht wahr? Natürlich haben unter Tage schon ein paar Kumpels getuschelt. So hinter vorgehaltener Hand haben die gesagt: „Da kommt unser Nazi." Aber mir war das vollkommen wurscht. Sollen die doch reden! Ich bin mir selber treu und ein jeder muss schon alleine verantworten, wo er mitmacht und wo nicht. Ich habe immer gesagt: „Was wollt ihr, ihr Roten? Passt bloss auf!" Da waren die schnell still und es gab eigentlich nie Ärger. Man kann sich im Leben ja nicht nur Freunde machen. Ich wurde dann, ohne dass ich das wusste, als „zuverlässig" eingestuft. Das sollte mir dann später helfen, als es zur Wehrmacht ging.

Zuerst aber ging es auf der Arbeit besser als gedacht. Die Firmenleitung machte mich zum Vorarbeiter; aufgrund der Parteimitgliedschaft, glaube ich. Gesagt hat das niemand, aber da waren einige, die schon länger auf den Posten scharf waren, aber ich habe ihn bekommen. Ich hatte mich ja nicht einmal darum beworben, verstehen Sie? Das kam einfach so. Da war meine Elli schon sehr stolz und wir haben uns eine neue Garderobe gegönnt. Erst sie, dann ich. So, wie sich das für einen Ehrenmann gehört. Elli hat das überall herumerzählt, das mit dem Vorarbeiter und dass das wohl davon kommt, dass ich in der Partei bin. Da hat uns jemand nachts einen Stein durch die Scheibe geworfen. Der muss ganz schön stark gewesen sein, denn wir wohnten im dritten Stock und das Ding, das wog fast 2 Kilo. Elli hat es auf der Küchenwaage nachgewogen. Die Schupo *(sc. die Polizei)* hat damals nur gesagt: „Na, großer Herr Vorarbeiter, was wollen Sie, das wir nun machen? Ein Stein ist doch keine Waffe. Da wird es schwer sein zu ermitteln, wer Ihnen das Ei ins Nest gelegt hat."

Für mich ging es bereits 1938 ab zur Wehrmacht. Ich gebe es zu, ich habe mich freiwillig gemeldet. Ich dachte mir: „Meldest dich freiwillig, Johann, dann kannst du noch sagen, wo du hin willst." Ich kam zu einer Einheit, die Bewachung von sogenannten Objekten übernahm. Alles, was nicht von den gewöhnlichen Soldaten geschützt werden konnte oder was zu wichtig war, um es Hinz und Kunz zu überlassen, das waren die Dinger, bei denen meine Einheit und ich ins Spiel kamen. Das waren oft so militärische Anlagen, oder auch Personen, die Parteibonzen halt, die sogenannten „Goldfasane", einmal sogar der Göring. Der hat uns ein paar Stullen rausbringen lassen und ein Bier. Nach der Wache kam dann der Unteroffizier und hat geschaut, wer das Essen angerührt hat. Einer hat das Ganze nicht kapiert und die Stulle gegessen und das Bier angetrunken. Der kam gleich in den Bau, weil er seine Pflicht verletzt hat. Das ist ihm schlecht bekommen. Aber die meisten haben es kapiert: Beim Göring, da brauchst du nicht während dem Dienst zu essen, egal wer es dir anbietet.

Meistens waren es aber Objekte, die wir bewacht haben. Objekte hat man das genannt, verstehen Sie? Da konnte sich unsereins sowieso nichts drunter vorstellen und das war auch besser so! Weiß der Deibel, was in den Anlagen geforscht und gemacht wurde. Sonnenblumen werden die da ganz bestimmt nicht gezüchtet haben, nicht wahr? Einmal hatten wir sogar Alarm, mitten in der Nacht. So mit Sirene und Suchscheinwerfer und Hunden. Da hatten sich feindliche Agenten angeschlichen und wir sollten die dingfest machen. Wir haben die ganze Nacht gesucht, und sobald was im Unterholz geraschelt hat, hat man gezuckt. Hat sich schnell herausgestellt, dass es wohl nur eine Übung war. Naja, ich denke, das muss auch einmal sein, sonst wären wir noch eingerostet.

Ich möchte aber betonen, dass ich niemals Gefangene bewacht habe. Weder Kriegsgefangene noch Lagerinsassen. Nicht, dass ich groß eine Wahl gehabt hätte, aber das gehörte schlicht und einfach nicht zu den Aufgaben meiner Einheit. Da bin ich, ehrlich gesagt, heute richtig froh drum. Ein Bekannter, der war einmal Lagerwache, der hat im Lager einen Bekannten gesehen, als Insassen, wohlgemerkt. Das hat ihm bald das Herz gebrochen. Aber was sollte er machen, er musste seinen Befehl ja ausführen. Befehl ist Befehl. Einmal ist er dem Gefangenen sogar Auge in Auge gegenüber gestanden. Er hat ihn mit „Heil Hitler, Herr Rosenmeyer" gegrüßt. Aber der hat nicht geantwortet. Da hat er sich schon gewundert. Man kann doch schließlich auch in solchen Situationen den Anstand bewahren und höflich grüßen.

Meine Einheit, die kam wirklich herum, die war auf dem Balkan. Übrigens eine ganz schreckliche Gegend, dieses Jugoslawien. Ich kann wirklich nicht verstehen, wie heutzutage da Deutsche in den Urlaub hinfahren.

Das ist dort so primitiv, alles dreckig, alles voller Flöhe und die Weiber erst, um Gottes Willen, die Weiber! Ich sage Ihnen, die Weiber waren eine Katastrophe. Ungepflegt bis dorthinaus. Erst haben sie einem recht schön getan und nachher musstest du aufpassen, dass die nicht bei den Partisanen waren und dir ein Messer ins Kreuz gerammt haben. Die hatten ja alle einen Schnurrbart, diese Weiber, das fand ich grauenhaft.

Ich hatte ja meine Elli, meinen Engel, und die Weiber da unten die waren dreckig und hatten schwarze Haare wie der Teufel. Natürlich hat das so manchem Kameraden nichts ausgemacht, aber das war wirklich nicht zu unterschätzen. Nicht, dass die jeden gleich umgebracht haben, aber so mancher große Frauenheld kam halt mit einer galanten Krankheit *(sc. Geschlechtskrankheit)* auf Genesungsurlaub in die Heimat. Das war in mehrerlei Hinsicht nicht ganz unproblematisch, wenn Sie verstehen, da wir ja striktes Fraternisierungsverbot hatten und man auch schlecht sagen konnte: „Das hab ich von meinen Kameraden." Dann wäre man gleich ins Lager gekommen, da gab es kein Pardon. Man bekam dann zwar Genesungsurlaub, wegen Tripper und so. Aber es ist sicher auch kein Spaß, daheim der Ehefrau zu erklären, dass man sich den Heimaturlaub beim außerehelichen Bumsen verdient hat, nicht wahr?

Ich kam aus diesem ganzen verdammten Balkan raus, ohne je einen Schuss abgegeben zu haben. Nicht, dass es mir damals etwas bedeutet hätte, aber heute denke ich schon manchmal, das muss für etwas gut gewesen sein. Weil, in Dänemark zuvor, da war es mir genau so ergangen: kein einziger Schuss. Wir haben da an der Küste eine große Anlage bewacht, aber das war eigentlich nicht nötig. Die Dänen haben keine Anstalten gemacht, sich mit uns Deutschen anzulegen. Die Dänen sind ja auch vom gleichen Schlag, das ist doch ein ganz anderes Verwandtschaftsverhältnis als mit solchen Südländern.

In Dänemark habe ich mich sehr wohlgefühlt. Die Versorgung war ausgezeichnet. Es war ja auch nicht so weit bis in die Heimat und die Aufgabe war denkbar einfach. Niemanden an die Batterie heranlassen. Das war so einfach, weil auf zehn Kilometer auch keiner gewohnt hat, der da hingegangen wäre. Um die Anlage herum war alles abgeräumt. Wir hätten jeden, der sich nähert, auf einen Kilometer gesehen. Direkt am Zaun war Sand. Da konnte man jede Spur erkennen. Der wurde jeden Tag frisch gerecht. Jeden Morgen wurden die Sandflächen kontrolliert und wir haben höchstens einmal Tierspuren gefunden. Ich habe selten so eine ruhige Kugel geschoben.

So kurz vor Schluss habe ich dann in der Heimat einen Staudamm bewacht. Nein, ich weiß schon was Sie denken, nicht den, den die Alliierten gesprengt haben, und mit dem heute jeder Möchtegern-Landser angibt, sondern einen anderen, einen kleineren. Da hatte ich wieder Glück. der war anscheinend so unbedeutend, dass keiner ihn zerstören wollte. Da haben mich dann die Amis erwischt.

Wir konnten sie schon hören, und mein Vorgesetzter hat gesagt: „Jetzt ist es aus, Hanse! Geben wir uns die Kugel." Ich hab ihn angeschaut und er mich und dann hat er gelacht. Ich habe ihn nicht ernst genommen, denn das war ein feiner Kerl, einer mit Familie daheim. Er hat immer von seinen Kindern erzählt. Ich bin raus in den Vorraum, um zu schauen, wo die Amis sind. Und bang! Er hat sich tatsächlich in den Kopp geschossen, dieser Armleuchter. Schade. War ein guter Mann.

Ich mache es kurz: Ich bin durch den ganzen Krieg gekommen, ohne einen einzigen Schuss abzugeben. Da dürfte ich ziemlich alleine auf weiter Flur stehen. Aber sehen Sie, so etwas gibt es auch. Die Amis haben gesagt: „Dafür sollten Sie sich einen Orden geben lassen." Aber einen Orden bekommt man nur, wenn man geschossen hat. Da bleibe ich lieber ohne einen Orden.

50.
**„Wenn wir uns jetzt so schlimm aufführen,
da machen wir uns keine Freunde als Deutsche."**
Walter N., Jahrgang 1915, Schwaben.

Ich stamme aus einem ganz kleinen Dorf in Schwaben und für uns war das zunächst alles „große Politik". Mit der wollte und sollte man besser nichts zu tun haben. Das war nichts für unsereins. Für Leute, wie wir es sind, da gab es die Fastnacht, da gab es die Kirchweih, da gab

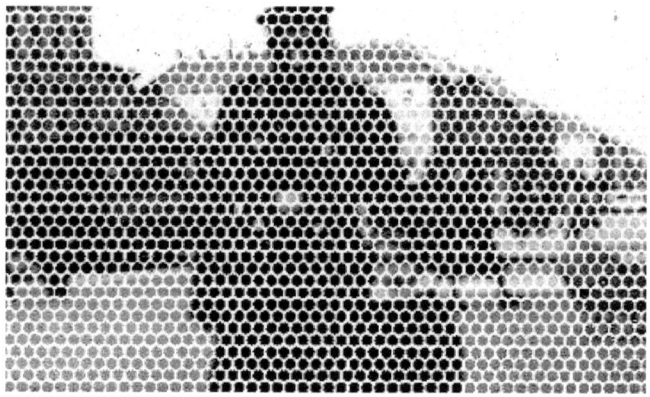

es Geburtstage, Hochzeiten, Taufen und Beerdigungen. Zwischendrin hat man ordentlich geschafft und sich um seine eigenen Angelegenheiten gekümmert. Meine Großmutter zum Beispiel, die ist nie aus unserem Dorf herausgekommen, die war nie weiter als ein paar Kilometer weg von unserem Kirchturm. Es hat ihr nichts gefehlt, es war ihr nur nicht notwendig. Sie wollte immer ihren Kirchturm im Blick haben.

Der Herr Lehrer hat uns damals schon von Amerika erzählt und von Afrika, von den alten Griechen, den Römern und den Wikingern. Aber das war aus einem Büchlein. Genauso gut hätte diese Welt, von der er uns erzählt hat, auch erfunden gewesen sein können. Weil wir Kinder wussten ja, wir würden da nie hinkommen. Insofern bin ich dieser Zeit sogar dankbar, auch wenn es eine schlimme Zeit war. Ich war auf Kreta, ich war in Italien, in Frankreich, sogar in Afrika. Das war für mich geradezu unglaublich. Da gab es Bäume mit Zitronen, dann dort Bäume mit Oliven. Alles roch ganz anders als bei uns in Schwaben. Die Leute sahen anders aus und sprachen anders. Manche waren freundlich, zum Beispiel die Italiener. Manche waren nicht so freundlich – das waren die Griechen. In Afrika waren die Leute weder so noch so. Da war nämlich nur Wüste, da war keiner da. Ich mache natürlich Spaß. Man lernt so die Menschen kennen. Auch wenn viele uns nicht in ihrem Land haben wollten. Wir waren ja Besatzer, nicht Urlauber.

Natürlich gab es da auch weniger schöne Momente. Wenn wir einen Befehl ausführten, der uns unbeliebt machte bei der Bevölkerung vor Ort. Oder wenn wir uns gegen die anderen zur Wehr setzen mussten. Ich dachte mir: Wenn wir uns jetzt so schlimm aufführen, da machen wir uns keine Freunde als Deutsche. In Italien war ich Jahre später übrigens noch einmal und habe mir das alles unter friedlichen Umständen angesehen. Da war alles wieder aufgebaut, aber lange nicht so sorgsam wie in Deutschland. Man weiß ja, woher das kommt. Das ist eine andere Mentalität. Die Italiener sind ja Ruinen von den Römern gewohnt. Das wird wohl ein Grund sein, warum die sich so wenig um Ruinen kümmern. Wenn man bedenkt, dass in Trier dieses römische Tor noch steht *(sc. die Porta Nigra)*, seit bald dreitausend *(sc. 2000)* Jahren! Das gibt es eben nur in Deutschland, und nicht in Italien.

Bei den Griechen war es etwas ganz anderes. Da kam man sich wirklich vor wie ein ungebetener Gast. Da gab es Partisanen, da musste man wirklich vorsichtig sein. Die Partisanen haben sich in die Berge zurückgezogen. Sie waren schwer zu fassen. Einmal haben sie uns nachts angegriffen. Da flogen uns die Kugeln nur so um den Kopf und wir haben uns so gut gehalten, wie wir konnten.

Von uns hat es zwei erwischt. Der eine lag im Kreuzfeuer und hat noch eine halbe Stunde geschrien und gejault, bis er endlich tot war. Er lag so ungünstig. Den hätten wir nicht einmal selber erschießen können, wenn wir gewollt hätten. Das war wirklich furchtbar. Am nächsten Tag lagen da im Gras, etwas weiter von unseren Kameraden entfernt, drei griechische Frauen. Mausetot. „Maschinengewehr kennt kein Beinahe", hieß es ja immer, und das stimmt. Die waren übel zugerichtet. Ich habe mich seitdem immer gefragt: Was ist das nur für ein Land, das seine Frauen vorschickt um zu kämpfen? Welche Menschen schicken ihre Liebsten in den Krieg und sind selber nicht zu sehen? Ich sage es Ihnen: Feiglinge.

Griechenland hatte aber auch seine schönen Seiten. Wir hatten Wein requiriert und holten uns von den Bauern ab und zu eine Ziege. Die haben die Ziegen immer in den Wald getrieben, damit wir sie nicht finden. Aber wir hatten ja Schäferhunde, da hat das Aufstöbern nicht lange gedauert. Die Ziegen wurden direkt am Feuer geröstet. Da gab es Kräuter, das war wunderbar. Ich gäbe wirklich etwas dafür, dieses Rezept heute noch zu haben.

Als ich einmal auf Fronturlaub daheim in Schwaben war, da hätten mich die Eltern beinahe nicht erkannt. So braun war ich. Mein Vater hat gelacht, und gesagt: „Mensch Walterle, du bist ja ein richtiger Brauner geworden."

Ich muss also sagen: Alles in allem war es eine gute Zeit für mich persönlich. Weil ich die Möglichkeit hatte, an Orte und in Länder zu reisen, die ich sonst nie gesehen hätte. Dass ich dafür einige Härten in Kauf nehmen musste, das ist für mich alles längst vergessen. Ich war dann lange in der Verwaltung tätig nach dem Krieg und meine Frau, die wollte immer nur an den Bodensee. Die hat gesagt: „Das ist unser Meer; ein anderes brauche ich nicht." Ich habe nichts dazu gesagt, ich wollte ja keinen Streit. Aber es gibt wirklich bessere Meere als den Bodensee. Ich hab sie ja selber gesehen.

51.
„Wer den Kopf hebt, der stolpert schnell, gell?"
Helmut M., Jahrgang 1919, Nürnberg.

Mit mir und dem Dritten Reich, also mit mir und dem Adolf, das war eine ganz komische Geschichte, hahaha! Ich war ja noch zu jung um zu kapieren, was los war, wie es losgegangen ist; also wie der Hitler an die Macht gekommen ist. Ich war ja gerade einmal vierzehn Jahre jung. Meine Eltern haben da auch nicht viel davon verstanden, nur halt, dass es auf einmal Deutsche gab, die nun nicht mehr dazu gehört haben, zur Volksgemeinschaft. Natürlich, das hat man in groben Zügen schon immer gewusst, das war bekannt.

Die Zigeuner zum Beispiel, die hatten kein Haus, keine Wohnung. Das waren Asoziale. Das waren natürlich keine von uns. Das waren keine echten Deutschen. Aber manchmal, also bei Nachbarn und so, da habe ich mich schon gewundert, was sich da so von Knall auf Fall geändert haben könnte, dass die auf einmal nicht mehr dazu gehören sollten.

Der Trainer vom Club *(sc. des 1. FC Nürnberg)* zum Beispiel, das war ein Ungar, ein Jude aus Ungarn. Aber der war gut, der Club hat immer vorne mitgespielt, während der Trainer war. Und nicht so wie heute, wo alle nur über den Club lachen. Diesen Trainer vom Club, den haben die Nazis davongejagt, aber davon ist der Club nicht besser geworden. Mein Vater hat da gesagt: „Was nutzt der neue deutsche Trainer, wenn die Flaschen sowieso nur verlieren?"

Aber ganz ehrlich war mir die Politik im großen und ganzen schon damals völlig wurst. Unsereiner, der hat eh keinen Unterschied im Geldbeutel, nur weil da heute schwarz, rot oder damals halt braun an der Macht dran sind. Der kleine Mann, der muss selber schauen, wie er etwas zu essen bekommt. Das macht kein Politiker für ihn. Man muss eben auf sich schauen. Wer den Kopf hebt, der stolpert schnell, gell? Mir persönlich war es jedenfalls wichtiger, einen guten Schulabschluss zu machen, wie es meine Eltern verlangt haben. Und dann wollte ich sehen, was aus mir wird.

Ich bin dann doch 1939 lieber zur Wehrmacht, weil ich groß und kräftig war und ehrlich gesagt einfach zu faul, um einen gescheiten Beruf zu erlernen. Das sag ich jetzt nur Ihnen, das sag ich sonst nie. Die Lehrjahre, das ewige Rumschikanieren und so, das wollte ich wirklich nicht. Bei der Wehrmacht habe ich mich von Anfang an wohl gefühlt; wie die Sau auf dem Sofa, sagt man ja immer.

Die Kameradschaft war gut, man musste sich um nichts kümmern und vieles fand ich auch ganz einfach interessant. Natürlich wurde man da auch herumkommandiert, aber das war etwas ganz anderes, weil es ja die eigene deutsche Armee war. Die dürfen herumkommandieren, die müssen das sogar, sonst wird das ja nichts mit der Armee.

Ich habe bei der Wehrmacht viel gelernt. Ich habe zum Beispiel gelernt, wie man sprengt. Nicht bloß, wie man den Hebel drückt, sondern wieviel Sprengstoff und wo, also an welcher Stelle man den am besten anbringt, damit es richtig kracht. Ich war der Spezialist dafür in unserer Einheit. Mit geringem Einsatz das größtmögliche Bumm, das war ich. „Das ist keine Wissenschaft", hat mein Uffz *(sc. Unteroffizier)* immer gesagt, „das ist eine Kunst." Ich war da richtig gut drin. Ich habe mich da zum richtigen Sprengkünstler weiterbilden lassen. Das war meine Leidenschaft. Das sollte mir sogar noch später so manches Mal das Leben retten.

Zunächst aber war alles auf Angriff, vor allem gegen die Russen. Die waren wie Gummi: Wo immer wir vorgestoßen sind, haben sich die wenigsten Iwans gestellt und die meisten haben sich zurückgezogen. Viele meinten, der Iwan ist feige. Aber die haben sich schwer getäuscht. Das war natürlich Taktik, aber das hat halt keiner in unserer Führung gemerkt. Mein Uffz hat immer gesagt: „Pass nur auf, die hauen nicht ab, die Russen; die holen nur Schwung!" Hab ich ihm damals nicht so recht geglaubt, und ich war da wohl nicht der einzige.

Wir sind mal schneller, mal langsamer vorgestoßen und mirnixdirnix war die Wehrmacht auf der Krim oder auch vor Moskau und Sankt Petersburg. Ich war da nicht in vorderster Front, sondern ich war beim Saubermachen. Bunker sprengen und solche Sachen.

Das Blatt hat sich dann aber gegen uns Deutsche gewendet, mit Stalingrad und so. Man darf aber nicht vergessen, dass es schon vorher einige Probleme gab. Die Russen hatten auf der Krim einige effektvolle Angriffe gestartet. Natürlich haben wir ihnen am Ende Beine gemacht und natürlich haben sie einen hohen Preis für ihre Abenteuerlust bezahlt, aber unsere Wehrmacht hat das auch geschwächt. Wir mussten mehr Kameraden aufbieten, um der Russen Herr zu werden, als uns lieb sein konnte. Da hat es auch wirklich eine Menge unnötige deutsche Verluste gegeben.

Bei Stalingrad darf man nie vergessen, dass die Russen vorher schon eine Offensive gestartet hatten und dass diese nicht von schlechten Eltern war. Die haben der Wehrmacht richtig ordentlich auf die Waffel gehaut. Insofern hätte die Führung und auch der Führer selbst durchaus vorgewarnt sein müssen vor dem, was kommt. Aber vielleicht lief alles etwas zu glatt für uns, denn wir sind dem Iwan wirklich voll ins Messer gelaufen.

Ich will nicht mit dem Finger auf andere zeigen, aber mit den ganzen scheiß „Balkaneinheiten auf der Flanke" kannst du eben keinen Krieg gewinnen. Das sind doch bloß ein paar Zigeuner! Die haben doch noch nie einen Krieg geführt in Rumänien! Die konnten sich doch nicht einmal anno Tobak gegen die Türken verteidigen, diese Jammerlappen! Denen hätte man niemals die Flanken überlassen dürfen!

Stalingrad war wirklich dumm und unnötig. Wir hätten unsere Leute zurückziehen müssen, dann hätte es noch einmal ganz anders ausgesehen für uns. Aber das ging ja nicht, weil der Führer ja geschworen hatte, dass ein Deutscher Soldat nicht zurückweicht. Das hätte er sich etwas besser überlegen sollen, ob das so ein gutes Versprechen ist. So aber ging es ab Stalingrad im Rückwärtsgang weiter, egal ob der Hitler darüber glücklich war oder nicht.

Für mich hieß das auch „auf geht's, Helmut!" und ich war gerne bereit, das Erlernte in die Praxis umzusetzen. Wann immer wir uns zurückzogen, haben wir alles, was dem Iwan Nutz und Schutz war, in die Luft gejagt. „Deckung dem Feind entziehen" hieß das. Häuser, Kirchen, alles musste weg. In größeren Städten auch die

Kanalisation. Das war sehr einfach und die so entstandenen Gräben und Löcher waren für die Russen echt ein Hindernis. Das wurde „verbrannte Erde" genannt. Ich habe mich für die Brücken begeistert. Mit der Zeit konnte ich mit immer weniger Material *(sc. Sprengstoff)* die Gegend immer effektiver „entbrücken".

Die Kunst war, das so zu machen, dass die Brücke noch stand und die leichte Infanterie drüber kam, aber die schweren Waffen, die Panzer und so, mit der Brücke abstürzten. Dann war die eine Hälfte von den Russen auf der einen Seite und die andere Hälfte noch drüben. Da war es dann auch leichter, die aufs Korn zu nehmen.

Da habe ich mein Ritterkreuz dafür gekriegt. Ungefährlich war das nicht, weil die Russen ja auch nicht ganz blöde waren. Also musste es so aussehen, als ob wir Hals über Kopf geräumt hätten und nicht mehr zum Verdrahten gekommen sind. Da habe ich manchen Kameraden verloren, weil wir immer nur Spitz auf Knopf verdrahten konnten. Oft war der Russe nur noch ein paar Meter entfernt.

Aber uns war leider, leider allen klar, dass wir nur verzögern konnten und nicht aufhalten. Die Russen hatten sich von den Amis mit Material beliefern lassen und anscheinend hatten die auch in ihrer verfluchten Steppe noch jede Menge Männer in Reserve stehen. Denn kaum dass wir einmal der Roten Armee das Stoppschild gezeigt hatten, kam schon die nächste Welle Russen und es ging wieder von vorne los.

Vor allem die Häufigkeit nahm zu. Zuerst war nach einem Erfolg erst einmal ein paar Tage Ruhe. Die Russen sammelten sich und legten wieder los. Doch bald waren es nur Stunden, bis schon der nächste Ansturm kam. Noch schwieriger wurde es, als die Russen auch gegen uns ihre Stalinorgeln hatten. Da krachte es unaufhörlich und die konnten uns wie mit einem Rasensprenger mit Geschossen eindecken. Wer das einmal erlebt hat, der vergisst das nicht so schnell. Das war wie die Hölle. Entsprechend hoch angesehen waren die alten Hasen, die in Vorstößen die Orgeln zum Verstummen gebracht haben. Die haben diese Stoßtrupps ganz selten lange überlebt. Die haben sich regelrecht für die Kameraden geopfert, weil, den Russen war auch klar, dass wir es auf die Orgeln abgesehen hatten. Entsprechend schwer bewacht waren die, da war das Herankommen der reine Selbstmord.

Wenn ich mich recht erinnere, haben wir vom Ural bis zur Oder keinen Tag gehabt, an dem wir nicht durch Beschuss Kameraden verloren haben. Manchesmal habe ich mir gedacht: „Ob du morgen wirklich noch auf der guten alten Erde bist oder schon im Himmel?" Uns war klar, dass wir alle in den Himmel kommen, weil wir die Hölle ja selber mit den Russen aufgefüllt hatten.

Ich geriet erst ganz kurz vor Schluss in Gefangenschaft, eigentlich in einer blöden Situation. Ich sollte eine Brücke bei Straussberg sprengen, aber es gab keinen Sprengstoff mehr. Schon lange nicht mehr. Aber der Befehl war gekommen: „Die Brücke muss weg!."

Da mussten wir also parieren, das ging nicht anders, das wäre ja Befehlsverweigerung gewesen. Der Kapo hat uns immer vertröstet: „Helmut, wirst sehen: Der Nachschub kommt morgen und da kommen auch frische Kräfte. Dann zeigen wir's dem Iwan!" Aber das hat keiner geglaubt, wahrscheinlich nicht einmal er selber. Er hat mir befohlen: „Die Brücke muss weg! Das machst du mir. Befehl ist Befehl. Ich verlasse mich auf dich. Du bist unser Sprengkünstler. Jetzt zeig uns, was du kannst."

Ich meinte noch, dass ich keinen Sprengstoff habe. Aber er schüttelte nur den Kopf und sagte: „Lass dir etwas einfallen. Mit wenn und aber gewinnt man keinen Krieg." Als ob es da noch etwas zu gewinnen gegeben hätte. Ich bin also los mit meiner Ausrüstung, mit den Kabeln und den Zündern, aber ohne jeden Sprengstoff. Ich dachte mir, dass ich zumindest alles vorbereiten könnte. Vielleicht würde es den Iwan ja etwas aufhalten, wenn er zumindest glaubt, dass die Brücke verdrahtet ist.

In dem Moment war der Russe auch schon da. Hände hoch! Der Anführer sah die Kiste, die Zange und die durchgeschnittenen Drähte und folgerte daraus, dass ich sozusagen geholfen hätte, die Wehrmacht zu besiegen und die Brücke heil und ganz zu lassen, indem ich die Sprengung sabotiere. Ich war ja ohne Waffe. Er sagte etwas auf Russisch und dann „Gutmensch, Gutmensch" zu mir. In dem Moment zischte die erste Kugel an uns vorbei und die Russen zogen mich runter in Deckung. Die eigenen Leute, die eigenen Kameraden, die scheiß Wehrmacht, die schossen nun auf mich.

Mich brachten die Russen gleich zum Verhör, weil, ganz überzeugt von meiner Widerständlerei waren die wohl nicht. Da saß mir dann im Verhör tatsächlich einer gegenüber, der übergelaufen war zu den Bolschewiken. Er sprach fehlerfrei Deutsch, hatte einen süddeutschen Akzent. Schwabe oder so etwas ähnliches.

Ich hatte mir immer die Frage gestellt, ob wirklich jemand so etwas tun würde. Ob wirklich ein deutscher Mann so verdorben sein kann, dass er zum Iwan geht. Und nun saß einer leibhaftig vor mir. Für mich war das der letzte Abschaum, ein Volksverräter. Aber nun musste ich mich mit diesem Individuum auch noch gutstellen.

Er fragte mich, warum ich die Kabel durchgetrennt hätte, und ich erklärte ihm mit allem, was ich an Schauspielerei zur Verfügung hatte, dass ich dies seit Anfang an getan hätte, um so meinen Teil zum Sturz der Nationalsozialisten beizutragen. Er fragte mich wieder und wieder, er wollte wissen wann und wo. Aber ich konnte ihm nur vage Ortsnamen liefern.

Doch allem Anschein nach konnte ich ihm glaubwürdig antworten, weil ich durchaus ab und zu noch wusste, welche Brücke bei unserem langen Marsch zurück doch nicht hochgegangen war. Schließlich hat er es mir geglaubt und ich habe ihn gefragt: „Warum sollte ein Deutscher einen anderen anlügen?" Da hat er mich angeschaut und hat geraunzt: „Na, weil er am Leben bleiben will! Also pass bloß auf, du Schlaumeier."

Ich war nicht einmal ein Jahr bei den Russen in Gefangenschaft und ich hatte das wahnsinnige Glück, dass ich nicht nach Sibirien kam. Stattdessen wurde ich bei den Russen eingesetzt, wenn es darum ging, die oft ziemlich kniffelig gemachten deutschen Sprengfallen zu entschärfen. Ich hatte natürlich keine Uniform, auch keine Russische, sondern so eine Art Strafkleidung. Aber ich habe es besser erwischt als so mancher andere, der in Gefangenschaft geraten ist.

Nach dem Krieg habe ich dann leider nichts mehr mit Sprengstoff zu tun gehabt, sondern bin lange Jahre für eine Spedition tätig gewesen. Ich bin Laster gefahren – hab ja auch nichts anderes gelernt. Aber da kommt man rum, das sag ich dir! Bis Marokko und bis nach Syrien sind wir da manchmal gefahren. Da bin ich zwar viel herumgekommen in der Welt, aber nicht so oft im Osten. Der Eiserne Vorhang ist halt für immer zu. Mich würde schon interessieren, ob all die Brücken, die ich in die Luft gejagt habe, wieder aufgebaut sind oder ob der Iwan immer noch nasse Füße bekommt, wenn er von einem Ufer zum anderen will.

Ich halte nach wie vor nichts von den Russen, aber ich denke, umgekehrt werden die auch nicht viel von uns Deutschen halten.

52.

„Wenn so schon der Vorwärtsgang ist, wie möchte dann bloß der Rückwärtsgang werden?"

Therese G., Jahrgang 1905, Siebenbürgen.

Jajajajaja der Hitler! Nun, der möchte erst der Erlöser für uns Siebenbürger gewesen sein, dann war er unser Untergang. Was haben sich die Leute damals nur gefreut über den Hitler. Wir waren ja weit weg vom Reiche, also von Deutschland, sagt man ja heute. Also ich meine die BRD natürlich, da waren wir weit weg. Es soll nicht gesagt sein, dass wir deswegen weniger deutsch gewesen sind als andere, aber wir waren nun einmal fern der Heimat, in Siebenbürgen.

So manches Mal haben wir uns gesagt: Die Deutschen, die in der Heimat, was möchten die uns wohl vergessen haben? Das, so haben wir immer gedacht, das ist wohl unser Los. Wir sind weggegangen aus dem Reich, also ich meine die heutige BRD, und die haben uns einfach vergessen.

Wir waren aber richtige Deutsche, aus einem deutschen Städtchen. Eine deutsche Gründung war das. Da gab es weder Rumänen noch Zigeuner, nur Deutsche. Die Altvorderen, die sind da hingekommen, weil sie gerufen wurden vom rumänischen König, und nun ja, sie haben in diese Gegend der Welt die Kultur gebracht.

Wir haben niemand etwas weggenommen, es war ja vorher nichts da. Das schöne Land hat ja nur drauf gewartet, dass sich jemand um es kümmern möchte. Das

Leben bei uns in Siebenbürgen, das war ein angenehmes. Richtig schön war es! Ein jedes Menschlein hatte seinen Platz, jeder wusste, wo er hingehört. Es herrschte eine richtige Ordnung. Wenn der liebe Gott auf uns schauen möchte, da hat er glückliche Menschen sehen können.

Wir hatten niemals Schwierigkeiten mit dem Rumänen oder gar mit dem Juden. Es gab ja gar keine Juden, meine ich. Wie das kam, kann ich schon sagen: Nun, es war ja alles getrennt damals, unter dem König. Ein Dorf die Deutschen und im nächsten Dorf die anderen, die Rumänen. Das war sehr schlau.

Der König, das war kein schlechter König, der hat gesagt, dass er auf alle seine Untertanen gleichviel gibt; aber er mochte die Deutschen schon besser leiden. Man hat ja auch gesehen, was das für ein Dorf oder ein Städtlein sein möchte. Nun, bei uns war es sauber, ordentlich, und die Leute hatten immer etwas für sich zu tun. Die Straßen waren gefegt und die Gärten waren die schönsten, die es gab. Wer einmal keine Arbeit hatte, der hat schnell von dem Vater und der Mutter eine Arbeit angeschafft bekommen. Das ging ganz flott.

Die Rumänier-Siedlungen, die haben ganz anders ausgesehen. Dreckig und verkommen. Und die Leute waren nicht viel besser. Alle Männer waren immerzu besoffen und die Frauen mussten schuften. Die Kinder waren ungewaschen. Das war die reine Inzucht, das möchte man nicht mehr denken wollen, was da los war. Wie bei den Wilden in Afrika.

Trotzdem war man eben Deutsche und lebte im Königreich Rumänien. Das haben einen umgekehrt die Rumänen auch schon immer spüren lassen. Dabei waren es doch eigentlich wir Deutsche, die sich etwas einbilden hätten dürfen. Wir waren schließlich diejenigen, die viele, viele Generationen zuvor vom rumänischen König eingeladen worden waren, in sein Land Kultur und Ordnung zu bringen.

Dann kam der Hitler an die Macht und wir haben alle unsere Ohren gespitzt. Endlich einer, so hoffte das ganze Städtchen, der sich für den Osten interessieren möchte. Da möchte keine Seele dabei gewesen sein, die das mit Sorge betrachtet hat. Die Menschen hatten ja keine Ahnung, was da noch kommen möchte. Die haben nur gewartet, dass Hitler endlich auch uns heimholen würde ins schöne Reich. Mit den Sudeten und den Österreichern war ja bald ein guter Anfang gemacht. Da waren alle Siebenbürger voller Hoffnung.

Dann kam der Krieg und die Nachrichten waren erst spärlich. Nun, und als dann im Kriege die Wehrmacht endlich auch bei uns war, was haben wir uns da gefreut! So manches Mütterchen möchte da eine Freudenträne geweint haben. Das waren stattliche Burschen, da haben die Mädels schon geschaut. So manches Mädel ist dem Landser um den Hals gefallen. Die Männer standen am Straßenrand und haben deutsch gegrüßt. Die Arme hoch. Überall waren Fahnen draußen aus den Fenstern.

Es war so ein schöner Sonnentag. Es war, als ob man sich unser endlich wieder erinnert. Dafür waren wir Siebenbürger sehr dankbar. Der erste Landser, der kam, hat auch gerufen: „Der Führer hat euch nicht vergessen! Hier sind wir!" Das sprach uns aus dem Herzen! Was haben wir uns da gefreut! Viele von den Männern haben sich nun freiwillig gemeldet und viele Häuser waren auch stolz geschmückt mit Zweigen und Blumen, dass unsere Burschen von der Wehrmacht auch sehen möchten, dass das ein deutsches Städtchen ist.

Nun, wir haben den Soldaten dann auch mal etwas zugesteckt. Das waren ja junge Kerle, weit weg von der Heimat. Ein Schnaps war oft dabei, ein Kanten Schinken oder eine Plockwurst. Die hatten ja noch so viel vor sich und die haben das ja alles für uns getan. Da wollten wir denen etwas zur Stärkung auf den langen Weg mitgeben. Das waren alle anständige Burschen. Da wurde nichts gestohlen, da kam nichts fort. Anderswo sind sie nicht so empfangen worden, obwohl der Rumäne doch unser Verbündeter sein sollte. Da habe ich mir gleich gedacht: Nun, wenn das nicht mal wieder ganz der Rumäne ist, der verschlagene Mensch.

Es kam dann eine gute Zeit. Alles wurde noch ein wenig ordentlicher. Da war sogar der Hauptplatz gefegt. Die ganze Ordonanz ist dann einmal über den Platz marschiert und wir haben alle gegrüßt, als ob der Hitler selber uns zu Besuch sein möchte. Wir standen am Rande und haben zugesehen, wie sich die hohen Militärs besprechen. Unser Gustl B. ist hingegangen zu den Offizieren, die am Platz standen. Die hatten eine Karte und waren alles hohe Tiere. Er hat seinen Besen präsentiert und hat den Platz als gesäubert gemeldet. Da haben alle laut gelacht, auch die Ordonanz. Alles schien für uns gut zu laufen.

Erst, wie die ersten gefallen sind, erst dann hat sich die Stimmung geändert. Wer drei Söhne losschickt, der möchte ja auch drei zurückbekommen. Da gab es dann allerorts Wehklagen, weil keiner glauben mochte, dass ausgerechnet seinen Söhnen so kurz vor dem Endsieg etwas zustoßen möchte. Er schien ja zum greifen nahe zu sein, der Endsieg. Was hatten wir schon Pläne gemacht! Die Ukraine mit ihren fruchtbaren Feldern, das wäre etwas für die Jungen gewesen. Da hätte man Getreide anbauen können. Das wäre die Kornkammer des Reiches geworden. Wir Siebenbürger wären wieder dabei gewesen, wenn es darum ginge, Kultur in ein neues Land zu bringen.

Aber, nun ja, man soll die Sau nicht verteilen, bevor man sie geschlachtet hat, nicht wahr? Die alten Mütterlein, die trugen dann Schwarz und es herrschte in so manch einem Haus ein Heulen und Wehklagen, dass es einem fast das Herz zerreißen mochte.

Man hat dann immer gehofft, dass man selber von der schlimmen Nachricht verschont bleiben möchte. Aber die Wirklichkeit holt eben viele Träumer ein. Mein Bruder fiel schon nach einem Monat. Er war noch nicht einmal richtiger Soldat. Irgendwo in Russland liegt der, weil, er ist auf dem Weg zu einem Sammelpunkt gewesen. Ein Volltreffer in seinen Eisenbahnwaggon und weg war er, ohne jemals einen Schuss abgegeben zu haben.

Im Brief hat einer getröstet mit den Worten, dass es schnell gegangen ist. Die Mutter hat ja so geweint, aber der Vater hat gesagt: „Wenn so schon der Vorwärtsgang ist, wie möchte dann erst bloß der Rückwärtsgang werden?" Das durfte er aber ja nicht laut sagen, weil, selbst bei uns im Städtchen musste man an sich halten. Sonst haben sie dich gleich angeschwärzt, also ich meine gepetzt. Und dann haben sie dich gleich mit genommen, da waren sie schnell dabei. Das war nicht zum lachen.

Du weißt ja die Geschichte: Der Krieg ist zum Iwan gekommen, dort hat er sich erst beim Iwan festgefressen, dann hat er unsere Männer gefressen und dann hat er sich nach Deutschland aufgemacht. Nun, so war das eben. Nur, dass er auf seinem Wege nach Deutschland noch vorher auf einen Besuch bei uns in Siebenbürgen vorbeischaute.

Die gottverfluchten Rumänen haben ja gleich die Segel gestrichen, weil sie lieber unter dem Iwan und unter den Kommunisten weiterleben wollten, als sich ihm für sich selbst und für uns Deutsche in den Weg zu stellen. Das war uns allen von Anfang an klar: Der Rumäne, der taugt gar nichts. Keinen Schuss Pulver, wie man so schön sagen möchte.

Erst kam die Wehrmacht durch unser Städtchen zurück und wir dachten. Nun, die werden uns doch wohl helfen. Die möchten uns doch bestimmt nicht dem Iwan überlassen. Aber die sind nur durchs Städtchen und nichts wie weg. Einfach weg. Verschwunden. Wir kamen nicht einmal alle aus dem Haus zum Winken, so schnelle ging das.

Das war aber auch nicht mehr die Wehrmacht, wie wir sie kannten. Da waren keine stolzen Waffenbrüder mehr dabei, keine aufrechten Gestalten, keine klaren Blicke. Das war nun ein Haufen von unrasierten, verlausten und verdreckten Gestalten, die kaum mehr einem Befehl folgen konnten. Die ganze Wehrmacht, so wie sie bei uns durchzog, die mochte schon in Auflösung gewesen sein.

Und Angst hatten die, so richtige Furcht, wie ich sie meinen Lebtag noch nicht gesehen hatte. Du konntest in den Augen der Älteren sehen, was sie in den Wochen zuvor wohl erlebt haben mögen. Die Jungen hingegen, die hatten schon die Hose voll, wenn es nur gerumpelt

215

hat. Die haben an jedem Waldrand und hinter jeder Kurve den Iwan vermutet. Manche haben sogar geweint und nach ihrer Mutter geschrien, wenn es geknallt hatte. Da waren viele noch keine 18 Jahre alt. Das war unsere Wehrmacht im Rückwärtsgang.

Ein paar Schluck aus unserem Brunnen haben die genommen, dann wollten sie den Brunnen vergiften für die Russen. Mein Vater hat gesagt: „Ihr möchtet uns noch den Brunnen vergiften? Aber das ist doch ein deutsches Städtchen hier! Sollen wir Deutsche wohl auch vergiftetes Wasser trinken? Ihr könnt das nur machen, wenn Ihr uns alle mitnehmt. Sonst möchten wir noch verdursten." Da haben sie uns den Brunnen doch gelassen, weil sie uns nicht mitnehmen wollten.

Es dauerte nicht lange und schon war die Wehrmacht verschwunden und das Städtchen war stille wie nie zuvor. Das sollte aber nicht lange so bleiben. Der Vater hat die Kamera ins Klo geworfen, damit der Iwan sie nicht kriegt, und die Mutter hat den Ehering unter die Diele gesteckt.

Die Russen kamen gleich, nachdem die Wehrmacht verschwunden war, und wer wegrennen konnte, der rannte, das können Sie mir glauben, Herr. Das halbe Dorf ist der Wehrmacht hinterher, aber es gab keinen Beschuss. Man hat uns ohne Abwehr im Stich gelassen.

Der Schulze *(sc. Ortsvorsteher)*, der war als erster weg. Der hatte einen Pferdewagen gepackt und alles aufgeladen und keiner möchte ihn noch einmal gesehen haben. Dann waren die Jungen weg, nur die Alten haben sie zurück gelassen. Das war schrecklich für alle. Aber Leute wie wir, unsere Familie, da war nichts mit dem Rennen. Meine Eltern waren zu alt und meine Kinder waren zu klein. Das hätten die nicht überlebt. Also blieben wir und haben abgewartet, was der Russe wohl mit uns machen möchte.

Wir haben dann für den Russen andere Fahnen rausgehängt als für die Wehrmacht, das möchten Sie mir glauben! Da hingen aus jedem Fenster weiße Fahnen und alle blieben in den Häusern. Die Russen haben schon gewusst, dass die Wehrmacht längst ausgezogen ist aus unserem Städtchen. Längst über alle Berge.

Es hat an der Türe gepocht: „Aufmachen, aufmachen!" Aber bevor ich öffnen konnte, haben die Russen schon die Türe aus der Angel getreten. Dann haben sie unser Haus durchsucht und dem Vater die Taschenuhr abgenommen. Gegenüber war kein Geschrei. Das war ein alter Mann, der hat nicht geschrien, weil er sich vorher aufgehängt hatte, als die Deutschen uns im Stich gelassen hatten.

Die Russen haben mich dann mitgenommen und schlimme Dinge mit mir gemacht, es war furchtbar. Da waren Chinesen dabei, Japaner und Gott allein möchte wissen, was noch für Volk! Da gab es nur Saufen und keinen Anstand bei dieser Mischpoke. Die waren wie die Tiere. Die sind über mich hergefallen und haben den ganzen Tag nicht von mir abgelassen.

Als ich nach Hause zurückkam, da hat mein Vater gesagt: „Wir sind am Leben. Dafür möchten wir dem lieben Gott danken. Und den Hitler, den möchte der Herrgott siebenfach verfluchen, dieses Arschloch aus Österreich. Hätte er doch den Russen nur in Ruhe gelassen."

Die Mutter hat immer noch Angst gehabt, dass mein Vater Schwierigkeiten bekommen möchte, wenn er so redet und die Wehrmacht doch zurück kommt. Aber mein Vater hat nur gelacht und ist vor die Türe getreten und hat laut gerufen: „Der Führer ist ein Arschloch." Das hat er wieder und wieder gemacht, immer lauter. Und als er wieder zur Stube hereinkam, da hat er bitterlich geweint.

Dann, nach dem Kriege, da waren die Rumänen auf einmal alle Kommunisten. Lauter rote Ratten! Das hatten wir uns schon so ausgerechnet. Sie drangsalierten und schikanierten die Deutschen, wo es nur ging, damit sie zeigen und beweisen, was sie doch für gute Kommunisten sein möchten. Wir Deutschen konnten das natürlich nicht. Wir waren der Feind, den die einen vergessen hatten rechtzeitig mitzunehmen und die anderen vergessen hatten umzubringen. Wir waren für die die letzten Menschen.

Die Heimat hatte ja auch zu viel mit sich selber zu tun. Die konnte sich nicht auch noch um die Siebenbürger kümmern und so waren wir auf Gedeih und Verderb dem Russen und seinen rumänischen Helfern ausgeliefert.

Die Rumänen haben sich dann in den leeren Häusern eingenistet, die den Nachbarn gehörten, die noch rechtzeitig geflohen waren. Die haben sich wie der Kuckuck ins gemachte Nest gesetzt. Das möchte denen keine schlaflose Nacht beschert haben. Das war ja das Haus eines Deutschen. Der war entweder abgehauen oder tot. So haben fast alle Häuser im Städtchen den Besitzer gewechselt, ohne dass einer der Rumänen dafür einen einzigen Leu *(sc. alte rumänische Währung)* bezahlt haben möchte.

Wir sind vor zehn Jahren nach Deutschland gekommen und für mich möchte es eine Reise ins Glück gewesen sein. Hier gibt es alles, dort gibt es nichts. Hier gibt es Fernsehen und Radio und viele Zeitungen und nichts davon gehört dem Staat. Und den Kommunisten möchte in Deutschland schon gleich gar nichts gehören. Wir haben alles zurückgelassen, das Haus, den Garten mit den vielen Obstbäumen. Aber auch die schlimmen Nachbarn, diese Rumänen, die das Obst stehlen und die Deutschen auf der Straße beschimpfen und die den ganzen Tag ihren Schnaps saufen.

Mein Vater starb vor zwei Jahren. Das Herz hat es nicht mehr mitgemacht. Aber er starb im Westen, er starb glücklich. Er hat es mir selbst gesagt: „Resl, ich dank dir, dass du die Mutter und mich hier her gebracht hast, in das schöne Deutschland. Begrab mich bloß nicht in Siebenbürgen! Da möchten mich die Rumänen wieder ausgraben, diese Lumpen."

219

53.

„Die Situation war also lange nicht so einfach, wie man heute so gerne behauptet."

Wilhelm G., Jahrgang 1900, Oberfranken.

Der Krieg, der Krieg, ach hört mir doch mit dem Kriege auf! Die Sache ging schief. Aus, Schluss, basta. Klappe zu, Affe tot. Was soll ich Ihnen da noch erzählen auf Ihre blöden Fragen? Sie sind doch Student, Sie wissen doch eh alles besser! Euch jungen Leuten geht es doch eh nur darum, uns Alte schlecht zu machen. „Warum habt ihr den Krieg nicht verhindert?" Ja, warum wohl! Weil es da nichts zu verhindern gab!

Keiner war so blöd, so bescheuert und hat sich den Braunhemden in den Weg gestellt. Das wäre der sichere Tod gewesen, und zwar nicht nur für dich, sondern auch für deine Familie. Da hätte ich so einen wie Dich einmal sehen wollen, wie er den großen Widerstands-Helden spielt. Widerstand war zwecklos, verstehst Du? Das hätte ich mal sehen wollen, wie ausgerechnet Du Deiner Freundin sagst: „Ich stell mich dem Adolf und seiner SA in den Weg. Mir egal, was sie mit mir dann machen, mein Schatzilein."

Mal ganz ehrlich, junger Mann: Das eigene Leben, gut, das kann man selbst entscheiden, ob man da sich jemanden in den Weg stellt, der sowieso nicht aufzuhalten ist. Ob man sich opfert und mit einem reinen Gewissen ins Gras beißt oder nicht. Das ist jedem selbst überlassen. Ich respektiere die Entscheidung. Aber die

Familie, die Frau, die Kinder, dass die mit draufgehen, das ist eine Entscheidung, die durchaus Kritik von außen zulässt. Das ist eben nicht nur jedermanns eigene Sache. Das macht er nicht nur mit sich selbst aus und Kritik von außen muss er sich stellen. Die Situation war also lange nicht so einfach, wie man heute so gern behauptet. Umgekehrt möchte ich Dein Gesicht sehen, wenn ich Dir jetzt vorwerfe: „Warum hast Du den *(sc. damaligen Bundeskanzler)* Kohl nicht verhindert?"

Wenn ich sage, dass ich mich verweigere, dann verweigere ich mich vor allem gegen die Meinung Zu-Spät-Geborener, die mir heute sagen wollen, was ich damals hätte tun sollen.

Ich kann diesen pauschalen Vorwurf gegen meine Generation nicht mehr hören: „Warum habt ihr das Dritte Reich nicht verhindert?" Na warum wohl, Klugscheißer! Glauben Sie, dass wir damals alle Nazis waren? Na, so blöd werden Sie wohl doch nicht sein! Natürlich waren wir das nicht, aber zwischen Widerstandskämpfer und Parteimitglied gibt es eine ganze Menge Platz für die unterschiedlichste Qualität von Leuten.

Ich war bei Gott kein Mitmacher. Und vorne dran, als ein glühender Verehrer, war ich ganz bestimmt auch nicht. Es war doch jedem halbwegs vernünftigen Menschen klar, dass das mit dem Großdeutschen Reich nichts werden wird. Vom Ural bis zum Atlantik, da brauche ich nur auf eine Weltkarte zu schauen und sehe schon, dass wir Deutschen niemals genug Männer hätten, um das alles zu verteidigen, geschweige denn zu verwalten und zu einem Staat aufzubauen. Das hat hinter vorgehaltener Hand auch jeder gesagt: Das wird nichts. Das kann nicht klappen.

Insofern wundere ich mich wie viele andere noch heute, wie die Führung auf solche größenwahnsinnige Vorstöße bis nach Russland hinein gekommen ist. Wer irgendwann die Idee hatte und gesagt hat: „Lass uns mal sehen, wie weit wir mit der Wehrmacht nach Osten kommen." Als ob man den Russen bei Sibirien ins Meer hätte scheuchen können! Der reine Wahnsinn. Die hätten mit der Eroberung von Frankreich oder mit der Besetzung von Skandinavien einfach aufhören müssen, dann wäre die Sache vielleicht anders ausgegangen.

Ich habe meinen Kopf unten gehalten und wie fast alle anderen gehofft, dass dieser Spuk endlich vorbeigeht. Da war ich nicht der Einzige, das können Sie mir glauben. Das können Sie mir ja gerne vorwerfen, aber ich sag Ihnen mal eines: Wenn Ihr Opa nicht seine Klappe gehalten hätte und lieber mit Ihrer Oma Ihren Herrn Vater gezeugt hätte, statt sich als der große Widerstandskämpfer zu gerieren, dann wären Sie heute gar nicht hier, um solche dämlichen und demagogischen Fragen zu stellen! Bleiben Sie also mal auf dem Teppich, junger Mann!

Sie haben keinen Grund und kein Recht, mich nach dem Krieg zu fragen. Aber eines sage ich Ihnen: Wenn Deutschland diesen Krieg gewonnen oder zumindest rechtzeitig beendet hätte, dann würde es ganz sicher keiner wagen, eine ganze Generation mit Vorwürfen zu belästigen, die diese Leute nicht verdient haben. Und jetzt raus!

54.
„Sag mir, Mutter, wann hört das auf, wann sind wir alle wieder normal?"
Klara H., Jahrgang 1923, Pommern.

Das war eine furchtbare Zeit, das Dritte Reich. Meine Familie war den Braunen gegenüber komplett ablehnend eingestellt. Meine Eltern waren zwar keine Kommunisten, aber Realisten. Sie waren gebildet, mein Vater hatte ja seine Stelle als Lehrer. Latein, Griechisch und das Altertum, das waren seine Spezialgebiete. Insofern war er wohl das, was man so typischerweise Humanist nennt, und er hat von Anfang an gesagt, was er von dem inhumanen Müll der Nazis hält.

Am Anfang waren da schon auch noch seine Freunde seiner Meinung, die Kollegen und die aus dem Lehrergesangsverein. Das waren ja alles gebildete und anständige Leute. Die haben ihm zugestimmt und auch selber oft ein klares Wort über die Nazis gesprochen. Aber je länger der braune Spuk andauerte, je stärker die Nazis auch bei uns in der Gegend wurden, desto weniger Freunde haben ihm zugestimmt. Ganz im Gegenteil: Der Schuldirektor hat ihm vor versammeltem Kollegium den Mund verboten und schon da haben sich einige Freunde von meinem Vater abgewandt.

Die einen sind nur nicht mehr zu den geselligen Abenden gegangen und viele haben ihm auch gesagt, sie hätten schon seine Meinung, aber sie hätten eben auch Angst vor den Nazis. Er müsse das verstehen. Dann gab es aber auch die anderen, die Überzeugten. Die haben ihn nicht einmal mehr gegrüßt.

Mein Vater war ein aufrechter, gerader Mensch. Den konnten solche Anfeindungen nicht verbiegen. Er war durch und durch preußisch geprägt. Wenn er von etwas überzeugt war, dann war die Sache entschieden. Dann gab es für ihn nichts mehr zu verhandeln. Punkt. Aus. Schluss. Vorbei.

Uns, also seiner Familie, hat das natürlich erst recht enorme Schwierigkeiten bereitet. Die Mutter wurde beim Kaufmann nicht mehr im Laden bedient. Da musste ich mit meinen dreizehn Jahren an die Laden-Hintertüre kommen, wenn es dunkel war; dann hat mir der Kaufmann doch noch Brot, Butter und Milch gegeben. Er war kein schlechter Mensch, sondern er hatte einfach auch Angst, so wie alle anderen. Er hatte Angst, dass alle anderen in diesem miefigen kleinen Ort glauben könnten, er ist mit meinem Vater einer Meinung, nur weil er ihm etwas zu essen verkauft.

Meine Mutter hat das sehr mitgenommen. Die Leute haben die Seite gewechselt, wenn wir ihnen auf der Straße entgegen kamen. Nachts haben die Nazis bei uns vor dem Haus herumgegrölt, mich haben die

Steppkes aus der Hitler-Jugend in der Schule verprügelt. Es war ein richtiger Spießrutenlauf. Jeden Tag, jeden Monat. Es gab keine Aussicht auf Besserung. Ich habe meine Mutter gefragt: „Sag mir, Mutter, wann hört das auf? Wann sind wir alle wieder normal?" Aber sie hat nur geweint.

Eines Tages war ein Brief da und meine Mutter war sehr froh. Er war von ihrer Schwester, also von meiner Tante aus Berlin, und im Brief stand, dass wir zu ihr kommen sollten, die Mama und ich. Das hat sich endlich nach etwas Hoffnung angehört, weil Berlin ja eine Großstadt war, in der nicht jeder jeden kannte. Da würden wir uns keine Sorgen um die Nachbarn machen müssen. Da würde keiner mit dem Finger auf uns deuten und uns als Volksverräter beschimpfen.

Vati, so sagte die Mutti, der würde später nachkommen, wenn er in Berlin eine Stelle hätte. Wir waren sehr froh und haben gleich unsere Koffer gepackt und ein paar Tage später waren wir schon in Berlin. Vater hatte für Mama einen Brief mitgegeben, der nach ihrem Parfüm roch, und gesagt, sie darf ihn erst in Berlin öffnen. Als sie ihn bei der Tante am Kaffeetisch aufgemacht hat, da purzelte der Ehering von meinem Vater raus, und die Mama wurde blass. Dann hat sie geschrien und geweint und ich habe nicht verstanden, was denn nun wieder passiert sein könnte, dass sie so traurig ist. Die Tante hat die Mama hingelegt im Salon und da hab` ich dann ganz schnell den Brief gelesen, der auf dem Kaffeetisch lag.

Mein Vater hat geschrieben, dass er froh ist, dass wir bei der Tante in Sicherheit sind, und dass er schon vor einem halben Jahr seine Stelle als Lehrer verloren hatte, aber nicht wusste, wie er es der Mama sagen sollte. Er hat sich entschuldigt, dass er seinem Gewissen folgen muss und dass er nicht anders kann, als nein zu sagen, zu all dem Unrecht der Nazis. Dann hat er noch geschrieben, dass wir ihn nie mehr wieder sehen würden, weil er all das Unrecht nicht mehr ertragen kann und nicht mehr leben will. Weil er nicht mehr sehen will, wie die anderen Menschen gemein zu seiner Familie sind. Dass er Mama und mich liebt, hat er auch geschrieben.

Ich habe das erst nach und nach verstanden, lange nicht so schnell wie die Mama und die Tante.

Die Nachricht kam auch erst Wochen später. Ein Polizist ohne Uniform hat sie gebracht. Sie haben seine Klamotten gefunden, am Fluss, ganz sauber zusammengefaltet unter einem Strauch. Der Vati sei wohl ins Wasser gegangen und ertrunken. Das hat meiner Mutter aber eher Auftrieb gegeben. Sie hat immer zu sich und zu mir gesagt: Tot ist nur der, dessen Leiche auch wirklich gefunden wurde; alle anderen sind nur vermisst. Daran hat sie sich festgeklammert, dass der Papa vielleicht nackt durch den Fluss geschwommen ist und irgendwohin geflüchtet ist, wo er sich versteckt hält und wo er Kleidung findet. Ich wollte das auch glauben und ich habe es mir immer wieder gesagt, Tag und Nacht.

Dann war Krieg, aber wir lebten bei der Tante in der Wohnung in Berlin Moabit. Das war nicht groß, aber es hat gereicht. Meine Mutter hat gearbeitet, in einer Wäscherei, und wir kamen über die Runden. Der große Unterschied, den wir hatten zu anderen Familien, war, dass wir uns nicht um unsere Männer sorgen mussten, ob sie wieder zurückkämen aus dem Kriege. Wir waren nur Frauen, wir hatten nur uns.

Als es mit den Bombenangriffen zu schlimm wurde, als es für uns wirklich zu riskant wurde, hatten wir noch einmal Glück. Die Tante hatte Freunde im Harz, bei Goslar auf dem Land. Da sind wir alle drei hin. Die Tante kam auch mit und Mutter hat sich frei genommen. Die Wäschefirma war ja schon ausgebombt worden; die waren froh, als die Mama weggegangen ist, weil sie sie nicht mehr bezahlen mussten. Wir haben das im Sommer so gemacht, als ob wir eine Urlaubsreise unternehmen wollten.

Aber wir gingen einfach nicht mehr nach Berlin zurück, weil der Harz sicher war, viel sicherer als Berlin.

Da sind wir dann das letzte Jahr geblieben, bis es mit dem Dritten Reich endlich zu Ende war und auf einmal aus lauter braunen lauter weiße Westen wurden. Die Amerikaner kamen in den Harz und es war nach der ersten Anspannung, die man eben fühlt, wenn man erobert wird, die Freude der Befreiung, die wir alle fühlten. Alleine schon die Tatsache, dass die Amerikaner Musik auf den Jeeps hatten und solche Jazz-Musik hörten, für die man in Deutschland ins Lager gekommen wäre. Wundervoll! Wir waren frei, wir hatten Cadbury-Schokolade. Ich kann heute noch keine Cadbury-Schokolade sehen ohne zu weinen. Der verfluchte braune Spuk hatte ein Ende. Auf einmal ging alles.

Ich war nicht gerade hässlich und mein erster Freund, der war ein Amerikaner. Ein großer Mann mit stattlichen Muskeln, der ganz weiße Zähne hatte. Er war sehr höflich und hatte einen wunderbaren Akzent. Ich war nicht wie die anderen Mädchen. Ich war kein Flittchen, das sich für ein paar Zigaretten mit einem Ami eingelassen hat. Aber ich war ja so verliebt.

Er hieß Morgan und alle haben Witze gemacht, dass bei mir der Morgan am Abend kommt. Er hatte nicht gekämpft. Er ist erst nach Deutschland gekommen, als alles vorbei war. Er hat bei der Versorgung gearbeitet. Einmal hat er der Mama Blumen mitgebracht und Mama hat ihm unseren Kaffee gemacht. Aber leider nicht den, den er für uns mitgebracht hatte, denn der hat ihm wohl nicht geschmeckt. Das war Muckefuck, also aus Zichorien und Gerste.

Als er das nächste Mal wieder bei uns war, hat er eine ganze Tasche voll Bohnenkaffee mitgebracht. Richtig gemahlenen. Nicht den, der sich im heißen Wasser auflöst. Er hat gesagt: „Wenn ick hier bien, dann mochte ich biettä diese Kaffee, und nix die deutsche Kaffe." Und dann haben wir alle gelacht.

Der viele Kaffee war für uns ein Vermögen. Wir haben einiges von dem Kaffee auf dem Schwarzmarkt getauscht und Schinken und Butter und Mehl dafür bekommen. Leider, leider wurde er dann versetzt, nach Bayern, und ich habe ihn nie mehr wieder gesehen.

Dafür wartete auf meine Mutter und mich eine ganz andere Überraschung. Eines Tages kam ein hagerer Mann in einem graubeigen Trenchcoat und einem zerbeulten Hut die Straße herunter, mit einem Koffer in der Hand. Der Anblick war selbst in diesem kleinen Ort im Harz keine Überraschung, weil ständig jemand heimkehrte. Und wenn er sein Haus oder seine Familie nicht mehr fand, dann machte er sich zu Verwandten auf.

Da waren bei den Nachbarn Verwandte aufgetaucht, die die Nachbarn noch nie gesehen hatten. Die waren aus Schlesien oder so und keiner kannte die. Aber was sollte man machen? Man kann doch seine eigene Verwandtschaft nicht vor der Türe stehen lassen.

Der hagere Mann kam langsam den Weg herauf. Mama war im Garten und hat die Kochwäsche aufgehängt. Sie ließ den Wäschekorb fallen und rannte los. Ich war ganz erschrocken, doch auf einmal dämmerte es auch mir: Das war mein Vater! Er war doch am Leben!

Er hat uns erzählt, wie er es geschafft hat, der braunen Brut zu entkommen. Ein paar Tage bevor wir nach Berlin sind, hatte er einen Flüsterhinweis bekommen, dass die Gestapo ihn abholen wollte.

Darum hatte er so gedrängt, dass wir nach Berlin gingen. Er hatte der Tante geschrieben und dann alles, so gut er konnte, vorbereitet. Er hatte nur die Kleidung ans Ufer gelegt und war dann seinem Cousin nach Posen gelaufen. Bekleidet natürlich; er hatte ja noch mehr Hosen und Hemden als die am Ufer zurückgelassenen.

Er konnte uns natürlich nicht sagen, was er vorhatte. Falls die Nazis die Mama verhören würden. Nach Posen waren es drei Tagesmärsche, aber ein Lasterfahrer hat ihn mitgenommen in der Nacht. Von Posen war er mit dem Zug heimlich auf einem Kohlewagon an die Ostsee gelangt und mit einem Fischerboot für viel Geld nach Schweden. Die Fischer hatten damals einen großen Nebenverdienst damit, dass sie Leute, die verschwinden mussten, über die Ostsee brachten. Er musste sich zwischen dem ganzen Fisch verstecken und es hat furchtbar gestunken.

In Schweden war es nicht so schwer, wie er befürchtet hatte. Vater hatte als Privatlehrer bei einer schwedischen Familie in Stockholm gearbeitet, die er einmal schon lange vor dem Krieg bei einem Aufenthalt in Rom kennengelernt hatte. Sein Latein hat ihm das Leben sozusagen gerettet.

Für uns begann damit ein neues Leben. Wir waren wieder zu dritt und zogen nach Frankfurt. Meinem

Vater und meiner Mama waren noch fast dreißig schöne Jahre beschert. Wir hatten also unglaubliches Glück.

55.
„Der Hitler war für viele Leute anfangs wirklich ein Stück Hoffnung."
Adam P., Jahrgang 1901, Westfalen.

Wir sind eine „reingelegte Generation". Man sagt ja, dass der „kleine Mann von der Straße" immer am Ende der Depp ist, und bei meiner Generation stimmt das ganz besonders. Von Anfang an belogen und betrogen! Raten Sie doch einmal, wie sich das anfühlt. Erst der Hitler, dann der Engländer und dann kommen auch noch Typen wie Sie, die nicht einmal in die Armee eintreten. Sie sind doch Zivi *(sc. Zivildienstleistender)*? Ihr alle habt uns 'reingelegt. Das ist das Schicksal von meiner Generation, das ist unser Los. Da hilft kein Jammern und kein Klagen.

Der verdammte Hitler mit seiner Partei, der hat uns am Anfang ja so viel versprochen. Was der nicht alles einführen wollte! Ordnung, Anstand, das waren auf einmal Begriffe, die wieder etwas galten beim Hitler. Zuvor war das ja ein ganzes Jahrzehnt der Unzucht und des Durcheinanders, die sogenannten Goldenen Zwanziger. Das war aber keine goldene Zeit, das ist nämlich ein großer Irrtum der Geschichte. Das war für unsereins ei-

231

ne ganz schlimme Ära. Ich will Ihnen auch sagen, warum.

Der erste Weltkrieg war gerade vorüber und das Deutsche Reich taumelte wie ein geschlagener Boxer durch die Weltgeschichte. Der Franzmann *(sc. Franzose)* drangsalierte uns Deutsche mit Reparationszahlungen; der hat Deutschland richtig bluten lassen, obwohl er selber mindestens genauso viel Schuld am Ersten Kriege hatte. Aber das durfte man schon damals nicht sagen und heute darf man das erst recht nicht sagen. Die Franzosen, diese Lumpen, wollten das ausnutzen, dass die Deutschen so am Boden waren. So ist er der Franzmann: Die haben einfach versucht, das Rheinland sich unter den Nagel zu reißen. Aber das hat gottlob nicht geklappt. Doch die anderen Gebiete, das ist ein ganz großes Unrecht, über das keiner spricht: Elsass, Lothringen, das sind doch seit je her urdeutsche Gebiete und heute spricht man dort französisch. Ist das nicht schrecklich? Diese Gebiete haben schon im Kriege unter dem Franzmann so gelitten und dann hat er sie auch noch einkassiert. Straßbourg zum Beispiel, das ist doch keine französische Stadt, das ist doch rein deutsch! Die einfachen Deutschen hungerten nach dem Kriege. Vor allem in den Städten, da kam es zu richtigen Hungeraufständen. Nur die oberen Zehntausend hatten immer noch Grund zu feiern. Diese ganzen Von und Zu, die hinter den Linien in der Etappe Krieg gespielt hatten, statt im Schützengraben ihren Mann zu stehen. Alle die Drückeberger, die als Fabrikantensöhne nicht an die

232

Front mussten und deren Väter dem Staat für den Krieg die Waffen und die Uniformen verkauft haben. Ja, die hatten immer noch Grund zu feiern. Die hatten ja schließlich mit dem Tod des einfachen Soldaten ihre fetten Gewinne erzielt. Diese Drecksbande! Denen konnte nicht einmal die Inflation etwas anhaben.

Dann, ja dann aber hat sich das Rad der Geschichte gedreht. Dann kam der Herr Hitler und hat gesagt: „Schluss mit der Extravaganz, Schluss mit dem dekadenten Gefeiere und Schluss mit den vermaledeiten Zahlungen an Frankreich!" Das fanden alle gut, dass endlich einer auf den Tisch haut und „Schluss" sagt. Deswegen haben dann auch sehr viele Leute gedacht, dass der Hitler für uns Deutsche doch eine gute Sache wäre. Er hat nämlich da angesetzt, wo den vielen einfachen Leuten der Schuh gedrückt hat. Der Hitler war für viele Leute anfangs wirklich ein Stück Hoffnung, dass sich zumindest einiges bessern würde, wenn auch vielleicht nicht gleich alles. Wer hat damals schon so weit denken können, dass sich das alles natürlich auch finanzieren muss und dass, damit es dem kleinen Mann etwas besser geht, es den Bonzen noch viel besser gehen soll. Soll doch keiner so blöd sein zu glauben, hier wurde etwas uneigennützig gemacht. Die Nazis haben dem kleinen Mann etwas weniger Hunger versprochen, aber dabei vergessen zu sagen, dass vor allem wieder einmal die Großen noch fetter werden würden.

Aber die einfachen Leute haben den Nazis erst einmal alles geglaubt. Es hat sich ja auch sehr vielversprechend angehört. Genau so, wie dieselben Leute geglaubt haben, dass es für die ganze Misere, die wirtschaftlich schlechte Lage, den Hunger, die Arbeitslosigkeit, die Inflation, dass es dafür einen Schuldigen gibt. Das haben viele wirklich gedacht. Wenn die Not am größten ist, dann sind die Leute auch für die allerdümmsten Gründe und die einfachsten Lösungen empfänglich. Es kam, wie es kommen musste. Die Nazis haben mit dem Finger auf die Juden gezeigt und gesagt: Leute, das ist alles die Schuld der Juden. Die Juden mussten dafür herhalten, dass die Nazis ihre Politk finanzieren und sich bereichern konnten. Aber die Nazis waren damit nicht allein, denn die übrigen Deutschen haben fleissig mitgemacht. So nach dem Motto „Ist zwar nicht nett, aber es bringt uns einen vollen Ranzen."

Man hat uns Deutsche damals einfach geblendet, verwirrt, über den Löffel balbiert. Wir waren einfach nicht klar bei Sinnen. Natürlich lag das auch an der Verzweiflung der einen und der Gier der anderen. Das bringt die Leute dazu, über Leichen zu gehen. Deswegen haben wir so vieles mitgemacht, das man sich heutzutage im Nachhinein nicht mehr erklären kann. Verstehen Sie, das hat keiner wirklich wahrgenommen. Diese Schritte, die die Nazis da gingen, die schienen alle, jeweils für sich genommen, eigentlich gar nicht so schlimm. Aber keiner konnte sehen, wohin die Politik der Nazis im Gesamten zielte. Das ging nämlich einerseits so schnell, dass man den Entwicklungen kaum folgen konnte. Und zum anderen waren das oft nur so kleine Schritte, dass sich keiner wirklich Sorgen gemacht hat. Nach dem Motto „Na, weiter als so und so werden die Nazis doch wohl nicht gehen." Aber die Nazis sind doch weiter gegangen, viel weiter. Weiter, als das jemals einer für möglich gehalten hätte.

Die Hitler-Jugend, die Geländespiele, das war doch allen klar, dass das nur Kriegsvorbereitung war. Da ging es darum, die Jugend stark zu machen dafür, dass man in Europa bald Krieg führen würde. Deswegen gab es dieses ganze Militärische im zivilen Leben: Es war die Vorbereitung auf das, was wir alle als den Zweiten Weltkrieg kennen. Die zivile Gesellschaft wurde immer weniger zivil und immer militärischer. Allein die Alltagssprache mit den ganzen Abkürzungen, Ha-Jott, Ka-De-Eff, Be-De-Em. Da gewöhnte man sich schrittweise, aber zügig an eine Abkehr vom Alltag, wie man ihn kannte. Was aber denen, die so langsam ahnten, in welche Richtung der Hitler gehen würde, fehlte, das war die Übersicht. Keiner konnte die Entwicklung in ihrer Gesamtheit erfassen, außer denen, die diese Entwicklung planten und vorantrieben.

Sie müssen daran denken: Da gab es nicht in jedem Haus ein Radio, so wie heute, oder ein Telefon. Ein Fernseher war den normalen Menschen völlig unbekannt. Da kamen die Nachrichten nicht, so wie heute, jeden Abend um Acht, sondern einmal in der Woche im Kino, in der Wochenschau. Bestenfalls im Radio waren Nachrichten schneller zu hören, aber das war ja auch alles ohne Ausnahme Propaganda. Sie glauben gar nicht, wie bis zum Schluss jede deutsche Niederlage in einen Sieg oder in ein Opfer umgedeutet wurde. Da gab es eine Wochenzeitung und die wenigsten hatten Geld für eine Tageszeitung. Die Nazis hatten das Monopol auf die Informationen. Es gab nur die Information, von der die Nazis wollten, dass man sie weiß. Oder eben Gerüchte.

Auf Gerüchte jedoch ist kein Verlass. Haben Sie einmal „Stille Post" mit Ihren langhaarigen Freunden gespielt? Vorne flüstert einer etwas und hinten kommt etwas heraus, das kaum mit dem ersten Flüsterer zu tun hat. So war das auch mit den Gerüchten. So ein Gerücht, das wächst und treibt die verrücktesten Blüten und Früchte. Deswegen stand ja auch später im Kriege die Todesstrafe auf das Verbreiten von Gerüchten.

Man hat dann aber immer wildere Gerüchte gehört und so mancher glaubte, dass auch an den wildesten Gerüchten etwas dran sein musste. Der Kern Wahrheit wurde nie angezweifelt. Die Nazis nutzten das natürlich auch und streuten Gerüchte über die Amis und die Juden. Die Neger würden uns auffressen, die Kinder zuerst, und lauter solche Reden. Ein Jude hätte im Märkischen die Brunnen vergiftet; wo genau war nicht bekannt. Die Zigeuner hätten Kinder gefangen und gekocht; man habe gerade in einem Zigeunerwagen einen Käfig voller Kinder gefunden. Gewerkschaftshäuser seien Treffpunkte für die Homos. Lauter solches Zeug, bei dem jeder normale Mensch wusste, dass das nicht stimmen konnte. Aber viele Leute wollten es glauben, damit sie eine Rechtfertigung dafür hatten, warum zum

Beispiel die Juden so schlimm drangsaliert wurden. So nach dem Motto „selber schuld". Solche Nachrichten und Gerüchte waren letztlich die Rechtfertigung, die viele vor sich selber dafür brauchten, dass sie ihre Nachbarn verpfiffen haben. Oder auch nur dafür, dass sie nicht „halt!" gesagt haben, wenn man eigentlich „halt!" hätte sagen müssen.

Als dann der Krieg kam, da hat sich das genau noch vervielfacht. Plötzlich hörte man die wildesten Erfolgsgeschichten. Da gab es später dann die Wunderwaffen. Da hatten die Feinde versucht, den Papst zu entführen. Da ließ der Führer am Südpol eine Militärstation errichten. Da ging es drunter und drüber. U-Boote erreichten Amerika. Bomber hätten den Buckingham-Palast zerstört. Moskau brenne. Russland stünde vor der Kapitulation. Die Leute waren so dankbar dafür, das zu hören, das glauben zu dürfen. Am Ende war nichts davon wahr, aber das wollte keiner hören.

Die Menschen hörten und erzählten aber auch ganz andere Dinge. Die Lager, die Verhaftungen, die Morde, da gab es ständig diese Gerüchte hinter vorgehaltener Hand. Nichts war nachprüfbar, aber alles hörte sich furchtbar an. Erschießungen in Russland, Deserteure, die man durchs Minenfeld hetzte, Gaskammern. Das wurde hinter vorgehaltener Hand durchaus erwähnt. Das war keine Überraschung, auch wenn sich das so mancher Deutscher im Mai '45 vorgelogen hat.

So konnte jeder Deutsche sich eben nur in ganz begrenzten Maßen ein Bild von der Lage machen und jeder für sich musste abwägen, was die so erahnte Lage für ihn bedeutete. Da brachte der Krieg einige Vorteile – neue Posten, Orden, Anerkennung, auch Beute, das will ich gar nicht weglassen, die Leute fanden das am Anfang gar nicht so schlecht. Doch dann gab es aber natürlich auch Härte, Entbehrungen und sehr viel Leid..

Es dauerte nicht lange im Kriege, da überwogen Leid und Entbehrungen die paar lausigen Vorteile, die erbeuteten Mieder aus Frankreich, die paar Zigaretten als Kriegsbeute. Da fiel es vielen Leuten langsam auf, dass Krieg keineswegs nur Sieg ist. Doch da war es für das Deutsche Reich schon zu spät.

Eines Tages sind wir aufgewacht und die Nachricht war, dass die Wehrmacht bei Stalingrad eingeschlossen sei von den Russen. Erst waren das nur Gerüchte. Der eine hatte es von einem Verletzten im Lazarett, aber der hatte es auch nur gehört von einem, der mit ihm aus Russland heimtransportiert wurde und der sei auf dem Transport gestorben.

Man wollte das erst nicht glauben. Die große Wehrmacht von den Bolschewiken eingeschlossen? Doch die Gerüchte häuften sich, bis die Führung das auch wirklich bekannt machen musste, weil sonst die Flüsterpropaganda aus dem Ruder gelaufen wäre. In einer „hinterhältigen Zangenbewegung" hätte der Iwan unsere Männer sozusagen hintergangen. Feige wäre das gewesen, aber, meine Herren: Das ist Krieg! Da gibt's keine Regeln, an die man sich halten muß! Es war alles erlaubt!

238

Ganz nebenbei gesagt: Wir Deutsche haben uns auch nicht an die Regeln gehalten, sondern uns gerade in Russland aufgeführt wie die Axt im Wald. Das OKW *(sc. Oberkommando der Wehrmacht)* meldete eine Heldentat nach der anderen. Aber wer konnte, las zwischen den Zeilen. Und das stand ganz deutlich fest: Fast eine halbe Million deutscher Soldaten waren vom Rest des Heeres abgeschnitten und auf sich alleine gestellt. Da stand überdeutlich: Die Russen haben die Deutschen im Sack. Punkt. Das Warum, das wurde gar nicht erst debattiert. Das wäre ja offener Zweifel am Führer gewesen. Eine Todsünde! Dass es nämlich ein unendliches Maß an Arroganz und Inkompetenz braucht, um in so eine Lage zu geraten, das sagte damals keiner laut.

Dann der nächste militärische Wahnsinn: Die 6. Armee sollte sich nicht selber „raushauen", sondern ausharren bis Entsatz kommt. Das konnten die, die es hörten, kaum fassen. Diese Nachricht verbreitete sich in Windeseile und nötigte Göbbels und die Führungsriege dazu, die Leute im Sportpalast noch einmal einzuschwören auf den Krieg. Da hat sich dann vor den Kameras ein ganzer Saal, dem man vorher ordentlich Schnaps gegeben hatte, völlig fanatisch gezeigt.

Es kam, wie es kommen musste: Die 6. Armee wurde komplett vernichtet und fehlte im weiteren Verlauf des Krieges an allen Ecken und Enden. Was aber auch völlig verschwiegen wurde, war, dass auch der Russe furchtbare Verluste hinnehmen musste. Da sind Hunderttausende Russen elend dabei draufgegangen, die

Deutschen im Kessel von Stalingrad zu besiegen. Da sind viel mehr Russen gefallen als Deutsche.

Der Stauffenberg und seine Leute, die wollten dann ja eigentlich nur den Schaden für Deutschland begrenzen. Weg mit Hitler und dann unter neuer Führung mit den Alliierten separat Frieden schließen. Das wäre meiner Meinung nach in der Situation, in der sich Deutschland damals schon befand, das Beste gewesen. Nämlich aufzuhören, bevor alles völlig in der Katastrophe endet. Aber es hat ja nicht geklappt mit der Bombe. Meine Theorie ist, dass Stauffenberg verraten wurde, dass er schon eine Bombe im Gepäck hatte, die von vorne herein nur mangelhaft funktioniert hätte. Ich glaube kaum, dass erwachsene Offiziere, die ein Attentat planen, zu dumm sind, eine funktionierende Bombe zu bauen.

Es ist natürlich müßig, heutzutage darüber nachzudenken. Genau wie Hess, der nach England geflogen ist, um dort seinen Einfluss geltend zu machen und einen direkten Frieden zu verhandeln. Meiner Meinung nach war es seitens Hitler ein Riesenfehler, den Hess für verrückt zu erklären. Das sind eine ganze Reihe von verpassten Gelegenheiten, dem Kriege noch ein milderes Ende zu geben. Das hätte Tausenden Landsern das Leben gerettet, Abertausende von Bombenopfern wäre ein furchtbarer und sinnloser Tod erspart geblieben. Auf beiden Seiten wären viel weniger Soldaten gefallen.

Dann natürlich, nach der Kapitulation, der angebliche Schock für die ach so ahnungslosen Deutschen wegen den Arbeitslagern. Der einfache Deutsche auf der Straße hat ja zuvor von nichts gewusst. Natürlich haben Leute die langen Züge der Zwangsarbeiter durch die Straßen schleichen sehen, manche sogar tagtäglich. Und natürlich gab es die Lager. Die waren nicht einfach irgendwo allein tief versteckt im Wald, sondern mitten in Deutschland. Aber die meisten dieser Einrichtungen waren schon stark von der Öffentlichkeit abgeschirmt und daher die Vorgänge in den Lagern bestenfalls gerüchtemäßig bekannt. Damit litten sie aber unter dem Schicksal vieler anderer Wahrheiten: Man hielt die KZs in ihrer ganzen unvorstellbaren Schrecklichkeit für ein übertriebenes Gerücht. Man wollte und konnte doch einfach nicht glauben, dass es so etwas im Deutschen Reich geben könnte. Ich bin mir da selbst nicht sicher, wieviel man als allgemein bekannt voraussetzen darf. Aber ich versichere Ihnen: Dass keiner etwas gewusst hat, das ist glatt gelogen.

Ich darf mir hier jedoch auch einmal eine andere Bemerkung erlauben. Ich glaube es einfach auch nicht, dass die Alliierten so lange nichts von den Konzentrationslagern wussten. Die hatten seit 1943 immer öfter Aufklärungsflüge über dem Deutschen Reich, und zwar mit Kameras, die jede Anlage der Nazis, jede Einrichtung, jede Kaserne, jede Industrieanlage, einfach alles fotografierten. Selbst wenn die KZs im Wald oder sonst irgendwo waren: Die Amis und die Briten entdeckten doch oft die geheimsten Anlagen, weil sie schlicht den Bahnschienen nachgeflogen sind; eine ganz simple Methode! Da kann doch niemand ernsthaft annehmen,

dass man all diese Vernichtungslager nicht gefunden hat? Dass der Amerikaner nichts davon gewusst hat? Das kann kein Mensch ernsthaft in Betracht ziehen, das ist Schwachsinn. Bergen Belsen war seit 1942 von den Alliierten so oft überflogen worden, dass es eine eigene Flakbatterie hatte. Ich bitte Sie! Das wäre eine Frage, die ich dem Amerikaner und dem Engländer gerne stellen würde. Eine Frage, die den Alliierten weh tun würde, die aber ihre Berechtigung hat. Die Weltöffentlichkeit sollte sich nicht scheuen, diese Frage zu stellen. Warum habt ihr die Vernichtungslager nicht einfach weggebombt? Warum habt ihr nichts unternommen gegen die KZs?

Die Siegermächte müssen also ihre eigenen Gründe gehabt haben dafür, dass sie die KZs gar nicht auf dem Plan hatten. Da wurden weder die Gleise zu den Lagern bombardiert, um die Transporte zu stoppen oder zu behindern, noch gab es den Versuch, in den Lagern direkt einzugreifen. Bedenken Sie bitte: Wegen Staudämmen und Kraftwerken, selbst wegen Kriegsgefangenen gab es Kommandounternehmen, bei denen weit hinter deutschen Linien und sogar mitten über Deutschland abgesprungen wurde. Aber nicht wegen den Konzentrationslagern. Dazu gibt es kaum etwas zu hören. Ich denke, man stellt dem Sieger keine unangenehmen Fragen, nicht wahr?

Dann kam die Entnazifizierung und die hätten sich die Sieger eigentlich gleich sparen können. Es gab doch schon Punkt 8. Mai '45 keine Nazis mehr in Deutschland. Alle hatten ihre Abzeichen und Uniformen verschwinden lassen, keiner hatte mehr ein Parteibuch. Das Hitlerbild wurde durch ein Blumenbild ersetzt. In der guten Stube hing wieder die Alpenlandschaft und nicht mehr der Führer. Wenn man die Leute dann gefragt hat, was sie denn im Dritten Reich gemacht hätten, dann wurde alles heruntergespielt. Man „hatte doch bloß", man „wollte doch nur", man „konnte doch nicht anders". Aber dafür gewesen sein? Nein, niemals, niemand, mitnichten. Selten gab es weniger Nazis in Deutschland als direkt nach dem Krieg. Keiner wollte dabei gewesen sein, jeder hatte seine eigene private Ausrede zurechtgelegt und konnte sie auf Verlangen der Alliierten auswendig aufsagen. Nachbarn haben einander die Gegnerschaft zu den Nazis brav bestätigt und bekräftigt; man hielt zusammen.

Man hat mir jedoch dann meine Wehrmachtszugehörigkeit lange vorgeworfen. Ich hatte damals eben gro-

243

ßes Pech. Es gab nämlich einen Unteroffizier, der auch so hieß wie ich und der auch im Westen an der Front gewesen war. Der muss wohl ziemlich schlimme Befehle gegeben und ausgeführt haben. Erschießungen von Zivilisten, von Partisanen und solche Dinge; aber der war unauffindbar. Da wollte man sich dafür an mich halten, nur weil ich den gleichen Namen hatte und auch in Frankreich war. Ich konnte sagen, was ich wollte, mir wurde nichts geglaubt. Immer hieß es: „Nun geben Sie es doch zu!" Aber was soll ich zugeben, wenn ich es nicht getan habe!? Am Ende habe ich zehn Jahre Haft bekommen, von denen ich fünf in einem Gefängnis bei Lyon verbrachte.

Das Schlimmste war nicht die Langeweile, das Schlimmste war auch nicht, dass man mich für ein Verbrechen verurteilt hat, das ich nicht begangen habe. Das Schlimmste für mich war, dass die den anderen schnappten, als ich noch in Haft war, und ihn laufen ließen, weil er genauso argumentierte wie ich: Es handele sich um eine Verwechselung. Er habe nur den gleichen Namen und so weiter. Der Richtige, also ich, wäre doch schon geschnappt! Der wurde nur nicht eingesperrt, weil die sonst zuzugeben hätten, dass sie mit mir einen Fehler gemacht haben. Das wollten die Herrn Sieger natürlich auf keinen Fall.

Ich habe mich dann in den Fünfzigern und Sechzigern an eine Kommission zu Rehabilitation gewandt. Ich wollte einfach, dass meine Akte wieder sauber ist. Das hat mich viele lange Jahre gekostet, aber schließlich fand ich einen, einen ehemaligen Deutschen, der nach Amerika gegangen war, und nun sich um solche Fälle kümmerte. Der hat sich dann tatsächlich dafür interessiert und dafür gesorgt, dass ich zu meinem Recht komme. Er hat herausgefunden, dass der andere eine Tätowierung am Arm hatte; da, wo ich eine Narbe von einem Streifschuss habe. Man hat mir vorgeworfen, ich hätte keinen Streifschuss, sondern die Tätowierung mit einem Eingriff entfernt. Das haben damals viele gemacht, um ihren Kopf aus der Schlinge zu ziehen. Nur, beim anderen war die Tätowierung gottseidank noch da. Damit war ich aus dem Schneider. Warum aber die Herren Alliierten das nicht selber gleich gesehen haben, das bleibt deren Geheimnis.

Daher war das Kapitel Drittes Reich für mich erst 1966 abgeschlossen, als man mir von höchster Stelle bestätigte, dass meine Akte sauber ist. Mir hat das den Rest gegeben, nämlich herausfinden zu müssen, dass auch die Alliierten kein echtes Interesse an der Wahrheitsfindung hatten.

Wir haben erst für die Nazis den Kopf hingehalten, dann haben wir ihn für uns selber hingehalten und dann gibt es Leute wie Sie, die nicht mal mehr in die Bundeswehr eintreten. Was machen Sie denn, wenn eines Tages der Russe kommt? Da kommen Sie mit Ihrem Essen auf Rädern aber nicht sehr weit. Oder servieren Sie mir dann Borschtsch, hä? Na ist ja egal, ich denke Ihre Verweigerung ist noch das kleinste Übel in der ganzen Geschichte.

56.
„Insofern bin ich schuldig und unschuldig."
Klaus M., Jahrgang 1919, Ruhrgebiet.

Ich kann das gar nicht beschönigen, ich sage es frei heraus: Ja, ich war dabei! Ja, ich habe anfangs, wie meine ganze Familie, mich von den Nazis blenden lassen! Und ja, es hat eine ganze Zeitlang gedauert, bis ich kapiert habe, was die Nazis mit uns anständigen Bürgern anstellten.

Deswegen bin ich schuldig und unschuldig. Ich bin beides. *(Lacht)*. Ich bin so schuldig wie die meisten anderen Deutschen, egal wie sich die herausreden und herausschwindeln wollen. Das steht nun einmal fest, das bleibt mir für den Rest meines Lebens und das wird als die große Schuld meiner Generation in den Geschichtsbüchern bleiben. Und unschuldig bin ich, weil ich nichts kapiert habe.

Natürlich gibt es da Abstufungen, natürlich haben manche mehr getan und andere etwas verhindert. Aber im Großen und Ganzen hat meine Generation die volle Verantwortung für den Krieg und für die Judenvernichtung. Basta! Ist mir eine Herzensangelegenheit, das hier einmal ganz klipp und klar auszusprechen.

Lange Zeit jedoch war von Schuld, von Verbrechen und Vernichtung keine Rede. Für jede Gräueltat gab es einen Grund, für jede Abscheulichkeit die Rechtfertigung mit Gesetz und Vorschrift. Jeder Täter hatte seine eigene Rechtfertigung mit dem Befehl gleich mitbekommen. Das hat viele Deutsche ganz sicher dazu bewogen, Dinge zu tun, die man zuvor nie im Leben in Betracht gezogen hätte. All diese Denunzianten, die Blockwarte und Singvögel, all die Mithelfer und Helfershelfer, die konnten sich immer darauf berufen im Recht zu sein. Aber eben nicht nur das, sie konnten auch ruhigen Gewissens sagen, dass die anderen sich gegen das Gesetz verhalten hätten. Man selbst war nicht nur im Recht, man erlebte eben auch angebliches, und ich sage absichtlich „angebliches", Unrecht. Das war für viele sogenannte „anständige Deutsche" übrigens genau der Freibrief zu all den Untaten, für die sie später von den Siegermächten und der freien Welt zur Rechenschaft gezogen wurden. Genau das war ja für viele eine Ausrede: Anders, also abweichend, zu handeln, nicht mit den Nazis mitzumachen, wäre gegen die deutschen Gesetze gewesen.

Bei uns daheim wurde auch kräftig mitgemacht. Mein Vater war Beamter in der Justizverwaltung. Der wusste von all den Gesetzen und der hat sich an jedes neue Gesetz gehalten ohne nachzufragen. Egal ob Rasse, Strafgesetz oder so, der hat sich das alles zu eigen gemacht.

Mein Onkel hingegen, der war nicht so; der hat schon einen klareren Verstand gehabt. Der hörte Radio, auch die Sender, die wir nicht hören durften, nämlich den Engländer. Er konnte kein Englisch, aber das musste er auch nicht können, denn der Engländer hat extra für die Deutschen, die Leib und Leben riskierten, indem sie BBC hörten, auf Deutsch gesendet.

Mein Onkel hat das zu Anfang des Krieges noch mit meinem Vater diskutiert. Aber mein Vater war sehr misstrauisch und wollte immer wissen, woher mein Onkel seine Weisheiten beziehe. Der Onkel hat nichts gesagt, aber ich denke, der Vater konnte es sich schon denken. Ich war damals noch zu Hause, weil ich ja den rechten Fuß so schief habe. Aber ich neidete es den anderen, dass die gegen Polen und Frankreich fahren durften und ich sozusagen als ein nutzloser Krüppel zurückblieb. Meine Mutter hat dann durchgesetzt, dass ich aufs Land kam, zur Tante, also ihrer Schwester, und zu ebendiesem Onkel.

Das war für mich sehr spannend. Der Onkel redete immer davon, dass der Krieg lange dauern würde und dass Deutschland am Ende verlieren würde. Das durfte ich aber niemandem erzählen. Ich nahm das zunächst so hin, als ob er einfach ein Spinner wäre, das schwarze Schaf der Familie. Eben einer, der komische Ansichten hat, die ihm auch einmal gefährlich sein könnten. Doch eines Tages lauschten er und ich der Radioansprache von Thomas Mann. Der große Thomas Mann! Ausgerechnet der spricht beim Engländer im Radio! Wir wollten es gar nicht glauben. Wir saßen unter einer Decke, damit keiner mithörte, wenn wir den Engländer hörten. Mann war schon etwas länger angekündigt gewesen und wir sprachen gerade noch über den Zauberberg und anderes von ihm, als er mit seiner klaren, dunklen Stimme zu reden begann. Ich weiß das noch, als ob es heute wäre.

Aus seiner Stimme sprach die reine Klugheit. Es war so, als ob die Weisheit ein menschliches Organ gefunden hätte und nun zu uns spräche. Mir lief es kalt den Rücken herunter. Mein Onkel weinte am Ende sogar. Alles schien auf einmal seinen braunen Schleier verloren zu haben. Wie ein Sonnenstrahl, der einen Nebel an einem neuen Tag durchschneidet. Mir war auf einmal klar, was die Nazis mit uns gemacht hatten und was sie noch mit uns machen würden, wenn wir das weiter zuließen. Es war ein schönes Gefühl, aber auch eines von endloser Hoffnungslosigkeit.

Am nächsten Tag, als ich wieder 'raus auf die Gasse ging, da sah ich die Leute irgendwie mit anderen Augen. Die eine Frau von vis-à-vis hatte schon ihren Mann in Russland verloren, die anderen waren aus der Großstadt. „Ausgebombte" hießen wir die. Das war kein Spitzname, das war tatsächlich der Fachbegriff für die, deren Zuhause die Engländer erwischt hatten mit ihren Bomben. Ich war ja auch aus der Großstadt, aber eben nicht wegen den Bomben, sondern wegen dem Bein aufs Land gekommen. Die Ausgebombten waren allesamt hochnäsig gegenüber den Leuten vom Land. Die sahen sich immer durch die Bomben auf die Städte als etwas besonderes, als Opfer erster Klasse, sozusagen. Ich frage mich, ob die anderen Menschen im Dorf auch heimlich den Thomas Mann gehört hatten und nun

249

auch Bescheid wussten, was Sache ist mit dem Adolf und seiner Herrschaft. Man hat das natürlich niemandem angesehen; auch der Onkel war wirklich vorsichtig. Der hat sich gehütet, dass er bloß nichts sagt, was andere als Hinweis auf seine BBC-Lauscherei deuten könnten.

Manchen Leuten konnte man aber schon ein wenig trauen. Ich will mal so sagen: Ein bisschen hat man schon gewusst, wer hundertprozentig hinter den Nazis steht und wer insgeheim seine Zweifel hat. Manche haben, wenn wir die zu Besuch bekamen, eben „Heil Hitler" gesagt und die rechte Hand erhoben. Und andere halt nur „Grüß Gott". Der Pfarrer hat komischerweise „Heil Hitler" gesagt; derweil müsste gerade dem doch Gott näher sein, als ein irdischer Führer. Der Onkel hat gesagt: „Pass mir bloß auf, was du beichtest! Dem Pfaffen, dem kannst du gar nicht trauen." Immer wenn der einen Gefallenen beerdigt hat, hat der eine Reklamerede für die Nazis gehalten. Aber am Ende hat er sich aufgehängt; da waren die Amis schon über den Rhein. Als Pfarrer, das muss man sich erst einmal vorstellen, begeht der Selbstmord! Das ist doch eine Todsünde!

Der Onkel hat den Krieg überlebt. Der hatte dann eine Stelle in so einer Amtsstube angenommen. Da war er sehr unglücklich. Er sagte immer: „Da kommt die ganze braune Bande in meine Stube und tut so, als ob nichts gewesen wäre. Das ist zum kotzen." Er war für allerlei Genehmigungen zuständig und bei denen, die er noch von früher kannte und nicht in bester Erinnerung hatte, bei denen konnte er echt sehr lange bis zur Genehmigung brauchen. Einmal hat er von so einem Ewiggestrigen einen Schwarzbau abreißen lassen. Da hat der dann zu meinem Onkel gesagt: „Wenn wir noch an der Macht wären, dann würde ich dafür sorgen, dass Sie verschwinden." Der Onkel hat darauf gesagt: „Ich halte mich an die Vorschriften, und das rate ich Ihnen auch, mein ehemaliger Herr Obersturmbannführer."

57.
„Der Krieg war letztendlich nur noch die Krönung des ganzen deutschen Wahnsinns."
Karla T., Jahrgang 1903, Nürnberg.

Der Krieg hat uns nichts als Elend gebracht, nichts als ein gottverdammtes Elend. Ein jeder, der nur einen Funken Herz und Verstand hat, der hat das mit dem Hitler von Anfang an kapiert, was der so vor hat. Da muss ich nicht auf Beweise warten, da brauche ich keine Bilder und Zeugen. Das musste mir damals auch keiner erst lange erklären. Das sehe ich doch gleich daran, wie die Gesellschaft mit einer aberwitzigen Geschwindigkeit zur Militärgesellschaft wird und auf einen Krieg vorbereitet wird. Das sehe ich daran, dass Leute aufgrund von dem, was sie privat glauben, öffentlich bedroht und beleidigt werden. Da gibt es kein Vertun, kein Zögern. Wer etwas anderes sagt, der lügt.

Der Krieg war letztendlich nur noch die Krönung des ganzen deutschen Wahnsinns und die Deutschen haben bös dafür bezahlt, dass sie den Kopf von '33 bis '45 in den Sand gesteckt haben und so getan haben, als ginge sie das alles gar nichts an. Man kann nur hoffen, dass die Deutschen und alle anderen Völker, die in irgendeiner Weise unter den Deutschen gelitten haben – egal ob das nun überzeugte Nazis oder lediglich niederträchtige Mitläufer und Profiteure waren – das für alle Zeit im Gedächtnis haben und jegliche Wiederholung dieser Teufelei mit aller Brutalität im Keim ersticken.

Meine Familie musste sich erst von den Nazis verhöhnen, dann bedrohen lassen, weil von uns keiner in die Partei eintrat. Die braune Bande konnte uns nicht vereinnahmen. Uns nicht! Wir wollten uns das niemals nachsagen lassen müssen, dass wir in der Partei waren. Wir haben dafür einiges riskiert und viel geopfert. Denn deswegen hat mein Mann seine Arbeitsstelle verloren und die Nachbarn haben so getan, als ob ich ein sogenannter „Volksschädling" sei. War ich irgendetwas? Nein. Habe ich mich irgendwie politisch engagiert? Nein. Ich war nur ganz normal. Der Engländer nennt das common sense. Das war den Machthabern und ihren örtlichen Handlangern aber schon verdächtig genug.

Damit ich es mir gut merke, haben die meinen Mann an die Ostfront geschickt. Und die Kinder durften nicht aufs sichere Land, sondern sollten mit mir in der Stadt bleiben. Ich musste dann zum Zusammenschrauben von Granaten antreten, jeden Tag 14 Stunden. Ich hab da gesehen, was die mit den Zwangsarbeitern und Kriegsgefangenen gemacht haben. Da war keiner länger als ein paar Wochen oder Monate bei uns. Die sind an Entkräftung gestorben oder an irgendeiner Krankheit. Gnadenlos! Ukrainer, Jugoslawen, Ungarn, das war für die nur wertloses Menschenmaterial. Ich habe mich selber manchmal gewundert, wie ich das überlebt habe, auch seelisch.

Mir gab es, so komisch das klingt, einen Halt, dass ich was ich konnte an Essen mitgenommen und den armen Schweinen in der Werksbaracke gegeben habe. Wenn die Wachen mich erwischt hätten, dann wäre es mir schlecht gegangen. Die Brotscheiben für die Leute hatte ich gewürfelt und in der Trinkflasche hinein geschmuggelt, weil die Hungrigen oft alles ganz schnell schlucken mussten, damit keiner die Kaubewegungen bemerkt. Das waren kleine Siege, wenn ich wieder einmal Brot reingeschmuggelt hatte, ohne erwischt zu werden. Aber am Ende war alles umsonst. Es hat nichts genützt, das war das Schlimmste! Die armen Leute sind dann eben ein paar Wochen später gestorben, haben ein paar Tage länger gelitten. Leben konnte man das beim besten Willen nicht nennen. Ich weiß jetzt im nachhinein: Ich wollte Hoffnung geben, auch mir selbst. Aber ich habe den armen Menschen eigentlich nur das Leiden verlängert, denn überlebt hat das keiner. Ich habe es aber trotzdem gemacht, ich konnte nicht anders.

Mein Mann, der kam und kam nicht wieder; aber ich erhielt auch keine Nachricht von ihm. Nicht einmal ein

„Vermisst" oder so. Am Anfang habe ich mir eingeredet, dass es besser ist, keine Nachricht zu bekommen als eine schlechte. Da lief bei uns ja immer einer die Straße runter und hat den Leuten dann die Meldung überbracht, wo der Ehemann, der Bruder oder der Vater von den Russen „erwischt" worden ist. Da war es mir natürlich lieber, wenn ich keine Nachricht bekam. Aber die Zeit schritt weiter fort und es kam und kam nichts. Die Ungewissheit hat mich fertig gemacht.

Als die Amis dann endlich kamen, ging alles wirklich rasend schnell. Eine Frau kam gerannt und hat geschrien: „Der Amerikaner ist da!" Und direkt hinter ihr hat ein US-Kommando die Werksbaracke gestürmt. Dann haben die gefragt, wer hier das Sagen hat, und da hat der Vorarbeiter versucht, sich auf der Toilette aufzuhängen. Die Amerikaner waren schneller und haben ihn durch die Toilettentür erschossen, weil sie gedacht haben, dass er sich da drin verbirgt und verteidigen will. Ich weiß, dass man das nicht sagen darf, aber wir haben uns alle gefreut. Der war kein guter Mensch. Das Ende hat er sich redlich verdient.

Direkt nach der Befreiung herrschte zunächst Chaos und Anarchie. Es wurde geplündert, es wurde gerächt. Die letzten paar Tiere, die nicht durch die Bomben umgekommen sind, die haben die Leute im Tiergarten gejagt und aufgegessen. Da hat man gesehen, zu was der Mensch fähig ist.

Von meinem Mann habe ich auch nach dem Kriegsende nichts gehört. Ich habe mich dann an die Vermisstenstelle des Roten Kreuz gewandt, aber die konnten mir nicht einmal etwas zu seiner Einheit sagen. Die Einheit gab es offiziell gar nicht, hat es nie gegeben. Ich war wie von den Socken. „Wir bedauern: Ein Strafbataillon mit der von Ihnen genannten Bezeichnung ist in unseren Unterlagen nicht vermerkt", haben die mir geschrieben. Dabei ist es auch geblieben. Er ist 1941 mit seinen Papieren losgezogen, ich habe ihm gewunken und das wars. Manchmal frage ich mich selbst schon, ob es ihn überhaupt gegeben hat. Das war von Anfang bis Ende eine komplette Scheiße. Das war meine persönliche Tragödie.

58.
„Die wollten doch einfach nur glauben dürfen, dass es besser wird, wenn sie Hitler wählen."
Adolf A. Jahrgang 1909, Nürnberg.

Lassen Sie sich nicht täuschen; mein Vorname kommt nicht von einer Hitler-Verehrung meiner Eltern, sondern von einer Geschichtsliebhaberei. Es ging meinem Vater um den Schwedenkönig Gustav Adolf. Ich sag das jetzt gleich am Anfang, damit da keine Missverständnisse aufkommen.

Sie haben mich nach dem dunkelsten Kapitel in der deutschen Vergangenheit gefragt und ich will Ihnen gerne ein paar Sätze dazu erzählen. Ich will das gerne

tun, denn ich halte das für wichtig, da meine Generation bald ausgestorben ist und man sich daran erinnern sollte, was zu dieser Zeit bei uns in Deutschland los war.

Ich erspare Ihnen die lange Analyse, warum Hitler an die Macht gekommen ist. Da geht es nämlich nicht um politisches Ränkespiel und Taktiererei, wie so gerne als Entschuldigung vorgebracht wird. Hitler war weder ein Versehen noch ein Schwindel. Hitler war die deutsche Antwort auf eine seit dem Ende des Ersten Weltkrieges in Deutschland andauernde Wirtschaftskrise. Die Leute hatten erst den Krieg verloren, dann mit dem Zusammenbruch der Reichsmark ihre Ersparnisse, dann mit den gigantischen Unterschieden zwischen stinkreichen Bonzen und einfachen Arbeitern auch noch den Glauben an die Gerechtigkeit.

Das war in weiten Kreisen die gängige Meinung und ganz falsch war das nicht. Das ganze Dilemma wurde durch die zusammenbrechende amerikanische Wirtschaft verstärkt und erreichte seinen Höhepunkt, als die Menschen wegen Spekulanten an den Börsen immer größere Sorgen bekamen, an denen sie mit eigener Kraft ja nichts ändern konnten. Da suchten alle nach einer Rettung und dann kam ein einziger Politiker, der gesagt hat: „Ihr lieben Deutschen, ich hol euch aus dieser Klemme raus!" – Hitler.

Das ist zumindest meine Erklärung: Der wurde gewählt, weil die Leute eine schnelle Lösung ihrer Sorgen und Probleme sahen. Nichts weiter. Keine Gesinnung, keine Überzeugung. Nur die simple Not. Von denen, die NSDAP gewählt hatten, von denen hatte doch keiner vorher das Parteiprogramm gelesen! Von denen hatte keiner „Mein Kampf" auf dem Nachttisch! Das war denen völlig egal. Die wollten doch einfach nur glauben dürfen, dass es besser wird, wenn sie Hitler wählen. Denen war das Wie völlig egal, so verzweifelt waren die Leute. Die wollten nur Änderung. Wie, war egal.

Klar, ich gebe zu, das ist eine Verallgemeinerung. Es wird sicher auch Leute gegeben haben, denen es bereits gut ging und die Hitler deshalb wählten, weil sie sich damit inhaltlich-politisch auseinandergesetzt haben. Leute, die sich seit der Niederlage im Ersten Weltkrieg minderwertig fühlten, die Rache wollten für angeblich erlittene „kollektive Schmach", solche gibt es natürlich auch. Idioten kann man immer mit Stolz ködern. Ist doch so.

Aber die breite Masse wählte aus Verzweiflung und Hoffnung. Ich bin mir sicher: Wenn man sich dazu eine Doktorarbeit ansieht, die es bestimmt gibt, wird man sehen, dass durch die Bank die Verzweifelten sich an Hitler geklammert haben. Das ist meines Erachtens auch der Grund dafür, dass man Hitler solange die Stange gehalten hat, auch als es für Deutschland schon ganz finster aussah: Die Menschen wollten sich einfach auch nicht selbst eingestehen, dass sie wieder reingelegt wurden. Dass es wieder nicht besser für sie wird.

Mein persönlicher Weg durch diese Wirren tut da eigentlich wenig zum Thema. Ich habe überlebt, sonst würde ich ja nicht hier sitzen. Ich habe gelitten wie viele andere. Und ich habe Glück gehabt, vielleicht mehr als so manch anderer.

Ein Satz sei mir jedoch erlaubt: Ich bin stolz darauf, aus dieser schlimmen Zeit herausgekommen zu sein, ohne jemals meine Hand gegen einen anderen Menschen erhoben zu haben. Es war mir ein Prinzip. Ich habe mich nie für Gewalt ausgesprochen. Es zahlt sich aus, im Glauben zu verharren. Das ist mir ein Leuchtturm in diesen dunklen Zeiten gewesen.

59.
„Der eigene Rockzipfel ist einem wichtiger als das Hemd des Nachbarn."
Max G., Jahrgang 1891, Weiden.

Sie sind also der Herr Student, der die Leute nach dem Hitler frägt! So, so! Was wollen Sie denn so wissen? Wie es wirklich war, vielleicht? Oder suchen Sie womöglich nach ein paar Sündenböcken, die Ihnen Ihr vordemagogisiertes Weltbild bestätigen? Nein? Setzen Sie sich hin. Ich erzähle Ihnen, was mir dazu einfällt. Was Sie daraus machen, ist mir egal.

Man stellt sich diese Zeit in etwa so vor, als wäre Hitler 1933 aufgetaucht und hätte in Deutschland das Licht ausgeknipst. Es wurde dunkel, niemand wusste mehr, wer er war und was in Deutschland los war. Dann kamen 1945 die Alliierten und machten das Licht schön wieder an und alle haben sich die Augen gerieben und so getan, als seien sie verwundert. Als ob sie 12 Jahre Winterschlaf gehalten hätten. Und dann haben sie losgejammert: „Hätten wir das geahnt! Wir haben das alles doch nicht gewollt!"

Von wegen! Die NSDAP hatte 1933 bei den Wahlen nicht die Mehrheit, aber die anderen, die Demokraten, die waren zu blöd, um sich auf einen Zusammenschluss gegen Hitler zu einigen. Die Nazis hingegen waren schlau, haben sich in die richtigen und in die entscheidenden Schaltpunkte der Demokratie gesetzt und die Demokratie in Deutschland – oder was man dafür damals hielt – mit ihren eigenen Mitteln vernichtet. Das musste schnell gehen, damit sich die Demokraten nicht doch noch sammeln und die Nazis stoppen würden, und das ging wirklich verdammt schnell.

Dazu muss ich aber anmerken, dass seit dem Anfang der Weimarer Republik die Unterstützer einer rechten Diktatur mehr und mehr geworden waren und dass man sie in fast allen Positionen im Deutschen Reich vorfand. Die Nazis konnten also mehr und mehr darauf zählen, dass man ihnen an vielen wichtigen Stellen zumindest mit passivem Wohlwollen, oft aber sogar auch mit unverhohlener Unterstützung begegnete.

Viele Deutsche waren geneigt, den Nazis zumindest am Anfang die Möglichkeit zu geben, sich als für den damaligen Staat und seine Bürger nützlich und positiv zu erweisen. Dabei ging es gar nicht so sehr darum, dass man den Nazis wirklich glaubte, sondern eher, dass man darauf hoffte, etwas würde sich auf wunderliche Weise zum Besseren ändern. Das Versprechen von Änderung war vielen Menschen schon gut genug.

Als sich dann in Deutschland mehr und mehr Einschnitte und Änderungen ergaben, haben viele darauf völlig phlegmatisch reagiert. Das Motto schien zu sein: Lassen wir die erst einmal machen! Es ist zumindest noch nicht schlimmer als zuvor! Das war für die Leute natürlich eine subjektive Sichtweise. Es gab vom Kommunisten über den Querdenker bis zum Juden aus der Nachbarschaft bereits viele Leute, für die sich Deutschland drastisch zum Schlechteren gewandelt hatte. Doch wie sagt man so schön: Der eigene Rockzipfel ist einem wichtiger als das Hemd des Nachbarn.

Es gab dann allerdings keine Zwischenphase zwischen wohlwollendem Abwarten und verzweifelter Ablehnung. Daran war der Krieg schuld. Der Krieg verlangte ein totales Opfer von jedem einzelnen. Es gab nur „mitkämpfen und vielleicht durchkommen" oder

„sich verweigern und sicher nicht durchkommen". Da hatte sich nämlich der Spieß schon umgedreht. Jetzt waren nicht mehr die Nazis den Bürgern Rechenschaft schuldig, was besser werden würde, sondern jetzt mussten sich die Bürger den Nazis gegenüber eindeutig bekennen: dafür oder dagegen!

Nachdem aber eigentlich inzwischen jeder wusste, was es bedeutete, gegen die Nazis zu sein, bekannten sich die meisten zu den Nazis. Nicht aus Überzeugung, sondern aus reinem Überlebenswillen. Die Zeit, auf die Politik und die Zustände in Deutschland zu schauen und sich dann organisiert gegen die Nazis zu stellen, gab es für die Deutschen nicht, denn nun befand man sich im Krieg mit halb Europa. So erfüllten die meisten gezwungenermaßen ihre Pflicht, bis sie entweder vom Krieg hinweggerafft wurden oder bis zur Befreiung ausharrten. Entsprechend fiel es vielen Deutschen leicht, den Alliierten zu beteuern: Man habe doch nur seine Pflicht erfüllt, Befehle befolgt. Man sei doch nur ein kleines Rädchen in der großen Maschine gewesen.

Wenn dann die Amerikaner nachbohrten, stießen sie schnell auf die Aussage, man habe zwar gewusst, dass die Dinge nicht richtig seien, aber was kann denn ein Einzelner schon machen. Das war wie eine Standard-Ausflucht.

Das Bittere daran ist, dass die Menschen das nicht nur verlauten ließen, sondern dass sie es auch selbst glaubten. Sie sahen sich nicht als das kleinste Zahnrad der Tätermaschinerie, sondern als die erste Reihe der

Opfer. Mir hat ein amerikanischer Offizier einmal gesagt: „Es ist schwer, die Täter unter so vielen Opfern zu finden." Da hatte er verdammt recht.

Ich selbst war ja als Witwer mit drei kleinen Kindern – meine Frau war ja 1938 bei der Grippewelle gestorben – lange Zeit vom Dienst an der Waffe ausgenommen. Aber ganz am Schluss hätte ich den Rest vom Grossdeutschen Reich doch noch verteidigen sollen.

Auch dabei waren die Nazis taktisch geschickt vorgegangen. Sie haben nicht gesagt: „Wir drängen nun mit der Hilfe des Volkssturms, also mit den Kräften von Opas und Grundschülern, die Alliierten zurück." Sie haben keine lange Front und keine taktischen Großbewegungen angekündigt, wie sonst in Russland oder in Frankreich. Stattdessen haben sie auf den unteren und untersten Ebenen Leute zu punktuellen Aufgaben herangezogen:

„Verteidigt diese Kreuzung der Reichsstraße!." „Haltet den Ortseingang!" „Sorgt dafür, dass der Feind nicht über den Fluss kommt!" Das erschien vielen, die so kurz vor Kriegsende noch einberufen wurden, zumindest einigermaßen plausibel, oft vielleicht sogar irgendwie sinnvoll.

Ich sah die Amerikaner, als sie endlich kamen, schon von weitem. Zuvor hatte man sie schon seit Tagen gehört. Erst die Kanonen, dann die Motoren ihrer Panzer und Fahrzeuge. Man hat gewusst: Lange dauert es nicht mehr, dann sind die Amerikaner da und man kann sich ergeben und alles ist überstanden. Es war ein seltsames

Gefühl aus Vorfreude, Angst, dass einem doch noch etwas passieren könnte und tatsächlich auch Scham.

Viele haben sich trotz allem schlecht gefühlt, weil sie „Deutschland im Stich ließen". Das ist natürlich Quatsch. Nicht die Menschen haben Deutschland im Stich gelassen, sondern der Staat seine Bürger. Der Staat, die Regierenden, die hatten sich aus dem Staub gemacht. Die hatten wie Göring bereits ihre bürgerliche Kluft an und warteten den Untergang da ab, wo es weniger brenzlig war. Nur der einfache Mann von der Straße, dem hat man ein Gewehr in die Hand gedrückt und gesagt: „Mach du das mal, das mit den Amis."

Da gab es natürlich leider immer noch die Dummen, die wirklich glaubten, man würde jetzt den Vormarsch der Alliierten aufhalten, aber so kurz vor Schluss war es dem Gros der Volkssturmangehörigen klar, dass es nun nichts mehr zu gewinnen gab. Die etwas Anständigeren schickten als erstes die Kinder heim, die Jungen von zwölf, 13 Jahren, damit die nicht auch noch zu Schaden kämen. Dann galt es, diejenigen auszumachen, die unbedingt durchhalten wollten. Die mussten unschädlich gemacht werden. Sie können mir glauben, dass da zum Ende des Krieges einige stramme Nazis durch deutsche Kugeln erledigt wurden. Im Krieg ist jeder sich selbst der Nächste.

Ich sah also die Amerikaner den Hügel hinab zu unserem Beobachtungsposten vorrücken. Langsam, aber zielstrebig und sehr sicher. Ich wunderte mich noch, warum die sich so sicher waren, als mir klar wurde, wie viele da kamen. Das wollte gar nicht mehr aufhören. Alles kampferprobte, junge Männer, Panzer, Maschinengewehre – und wir mit so einem desparaten Häuflein. Ich drehte mich um, um zu sehen, was unsere Truppe wohl machte, und die hatten schon die Unterhemden an die Gewehre gehängt und schwenkten die als weiße Fahnen.

Es war ein wunderbares Gefühl, muss ich Ihnen sagen, zu wissen, dass endlich der ganze Mist vorbei ist. Die Amerikaner waren angespannt, aber äußerst korrekt. Sie waren froh, dass kein Schuss abgegeben wurde, und behandelten uns eher belustigt.

Am Abend waren wir alle in einem Zimmer vom Gasthof von den Amerikanern eingesprerrt worden und einer von uns unkte, man würde uns wohl im Morgengrauen doch noch erschießen. Ein anderer holte eine Mundharmonika aus dem Stiefel, die die Amis beim Filzen übersehen hatten, und spielte. Da kamen die Amis rein und gaben uns allen aus dem Gastwirtskeller ein Bier. Der Kamerad mit der Mundharmonika wurde mitgenommen, aber nicht, um ihm etwas zu leide zu tun, sondern damit er für die Amis spielte.

Der spielte denen den ganzen Abend „Lili Marlen". Das hat denen sehr gut gefallen und er war sternhagelblau, als er zurückkam. Da waren die Amerikaner grosszügig.

60.

„Der hat dermaßen übel ausgeschaut, den hat seine eigene Frau bald nicht mehr erkannt."
Walter Sch., Jahrgang 189, Nürnberg

Die Leute können sagen, was sie wollen: Für den kleinen Mann von der Straße war diese Zeit von Anfang an eine ganz schlimme Geschichte! Man muss sich das erst einmal vorstellen, wie schlimm die Zeit war.

Alle Männer beim Militär. Alle Frauen haben dafür an der Heimatfront den Laden schmeißen müssen. Die Frauen haben Munition gebastelt, haben Uniformen geschneidert, Mäntel, aber auch Waffen, Orden und den ganzen Krampf. Die Armee wurde mehr und mehr von Fantasten und Bekloppten geführt, die immer weniger Soldaten immer unrealistischere Ziele vorgaben. Politische Ideologie verdrängte viele offensichtlich bessere Optionen und tötete Zehntausende.

Vorangestürmt sind nur die Allerdümmsten, die null im Kopf hatten. Die haben dann Parolen geschluckt und sind sich gleich zwei Meter groß vorgekommen, weil man ihnen mit dem Rassebegriff endlich eine Eigenschaft gegeben hatte, bei der man nichts leisten musste und doch besser als andere da stand. Als Übermensch war keiner geboren, aber viele haben sich dafür gehalten. Und so manche Kugel hat dann die Realität schnell wieder zurückgebracht.

Die anderen Deutschen, die sind mitgelaufen. Da gab es dann auch wieder zweierlei. Die einen waren dabei, weil sie's nicht besser wussten, die anderen, weil sie sich von Tag zu Tag daran festgeklammert haben, dass schon nichts passieren werde, wenn man nur den Kopf schön unten hält und nicht auffällt. Glauben Sie es mir ruhig: Mehr oder weniger haben alle gewusst, was die Nazis für Sauereien machen. Aber entweder hat man sich weggedreht und so getan, als ob man nichts wusste, oder man war ganz schnell mit dran.

Die Macht der Nazis war einfach zu groß, als dass man im Widerstand gegen die eine Überlebenschance gehabt hätte. Da hat sich so mancher gedacht: Was solls, ich lebe doch nur einmal auf dieser Erde! Warum soll ich nicht versuchen, das eigene Leben, die blanke Existenz etwas zu verlängern, indem ich die Klappe ausnahmsweise zulasse und nicht gegen Unrecht aufbegehre!

Ein Nachbar von uns, ein aufrichtiger Sozi, der hat einmal ein Poster, auf dem „Kauft nicht bei Juden!" stand, weggerissen und ist dabei beobachtet worden. Dann hat ihn jemand an die Nazis verpfiffen und dann wurde er eines Morgens aus dem Haus geholt. Erst hieß es: Der kommt nach Dachau. Dann hieß es: Der kommt vor Gericht. Er war ein halbes Jahr weg. Danach hat er mit niemandem außer seiner Frau geredet und ist nicht mehr aus dem Haus gegangen. So sehr haben die den fertiggemacht. Der hat dermaßen übel ausgeschaut, den hat seine eigene Frau bald nicht mehr erkannt, als er nach Hause kam.

Oder eine Frau, deren dumme Kinder in der Schule gesagt haben, dass die Mutti daheim den Engländer im

Radio hört. Ganz schlimm! Da läuft es mir heute noch kalt den Rücken runter. Beim nächsten Bombenangriff haben die Nazis nämlich sie und die Kinder nicht in den Bunker gelassen. Die ganze Familie ist dann in derselben Nacht in Wöhrd *(sc. Stadtteil von Nürnberg, zerbombt durch die Alliierten am 10.8.1943)* im Flammenmeer umgekommen. Der Mann dazu kam auch nicht wieder aus dem Krieg. Ich erzähl das nur, damit die überhaupt einmal genannt sind und nicht im Dunkeln der Geschichte verschwinden.

Natürlich gab es auch die, die nicht groß aufbegehrt haben, aber sich doch noch ein ordentliches Maß an Menschlichkeit erhalten hatten. Die dann zu den Zwangsarbeitern in die Werkstätten einen Kanten Brot mitgenommen haben, die die Nachbarn im Keller versteckt haben, als die SA grölend nach den Juden suchte. Solche gab es nicht wenige, aber eben nicht genügend, lange nicht genügend.

Diesen kleinen Leuten, denen wird sicher kein Denkmal gesetzt. Da wird keiner einen Orden bekommen, obwohl die tagtäglich ihren ganzen Mut zusammennehmen mussten, um wenigstens ein bisschen vom Leid zu lindern. Die, die nachts Brot über den Zaun beim Märzfeld geworfen haben, damit die Russen wenigstens irgendetwas haben, die haben dabei ihr Leben riskiert! Das waren ganz normale Leute. Stattdessen wird eine Widerstandsgruppe in München verehrt, die eigentlich, außer Handzettel zu verteilen, nicht viel getan hat. Freilich, die haben dafür mit dem

Leben bezahlt, das ist schlimm. Ich will ja nur sagen, die waren nicht die einzigen zu der Zeit.

Das ist der eigentliche Widerspruch des Widerstands im Dritten Reich: Je effektiver er war, um so weniger weiß man darüber heutzutage. Weil die Nazis bei der Entfernung des Widerstands sehr, sehr gründlich waren und weil selbst Jahre nach dem Ende des Wahnsinns so viele keine Veranlassung sehen, darüber zu reden. Die einen wollen noch nicht und die anderen können nicht mehr.

Das schlimmste aber ist: Es gibt heute kaum mehr jemanden, der das hören will. Deshalb danke ich Ihnen, dass Sie mich angehört haben. Es hat mir gut getan.

61.
„Das können Sie sich wie eine Schildkröte vorstellen, die den Kopf einzieht."
Vinzenz (Zenz) T., Jahrgang 1895, Nürnberg.

Als der Hitler mit den Seinen an die Macht kam, da waren gar nicht so viele dabei. Also ich meine, es waren noch nicht viele in der Partei, in der NPD *(sc. NSDAP)*. Viele sind ja erst direkt nach der Machtübernahme noch schnell in die Partei eingetreten. Man hat geglaubt, es zahlt sich aus, in der NPD zu sein. In einem Jahr hat sich die Mitgliederzahl in der Partei verdreifacht. Das waren aber alles keine Leute, die politisch überzeugt waren, sondern das waren die, die sich Vorteile erhofft haben, die Chancenschieber.

Andere Leute, so Leute wie du und ich, die sind einfach in so eine Art inneres Exil gegangen. Das können Sie sich wie eine Schildkröte vorstellen, die den Kopf einzieht, wenn man drauftippt. Die haben zwar nicht laut und deutlich „nein" zu den Nazis gesagt, aber sie haben die Nazis auch nicht mit Eifer unterstützt. Die sind halt mit dem Strom geschwommen. Viele von denen hatten einfach ihr kleines Exil, indem sie den ein oder anderen Freiraum hatten, den sie vor den Nazis verbargen. Verbotene Bücher zum Beispiel, oder gesellige Abende daheim, bei denen andere dabei waren, die auch nicht nur den ganzen Tag „Sieg heil" gebrüllt haben.

Bei uns in Nürnberg gab es jedoch noch eine andere Bewegung. Obwohl, „Bewegung" ist fast schon zu viel gesagt. Das war ein lockerer Zusammenschluss von Nürnbergern gleicher Gesinnung, die nicht wollten, dass die ganzen alten Schätze aus Nürnberg bei Bombenangriffen kaputtgehen sollten. Da gab es als berühmtestes Beispiel den Kunstbunker, in dem viele unwiederbringliche historische Schätze den Krieg überdauerten. Das hat aber eher so an den Nazis vorbei geklappt. Weil die Nazis, die haben etwas dagegen gehabt. Das ist ja auch klar. Wenn ich sage, „kein britischer Bomber erreicht Nürnberg", und schon mal einstweilen die Kunstschätze wegpacke – wer glaubt mir denn dann?

Aber viele weitere Hausstatuen, alte Glasfenster, viele Bilder und wunderbare Kunstgegenstände haben

Privatleute von ihren Häusern abgemacht und sie in Kellern versteckt. Sie haben aus der alten Wehrkirche *(sc. im Vorort Kraftshof)* die Epitaphien genommen und in den umliegenden Weihern versenkt, damit die Amis die nicht finden und mitnehmen. Einen der Grabsteine haben die erst in den Siebziger Jahren wiedergefunden. Immer noch besser, als wenn den die Cowboys mit nach Kentucky genommen hätten, gell!?

Das Verrückteste ist jedoch die Sache mit den Reichskleinodien *(sc. den deutschen Kaiserinsignien Krone, Lanze, Schwert)*. Die hatten die Nazis, weil es ja von Kaiser soundso verfügt worden war, dass die immer in Nürnberg sein sollten *(sc. laut Urkunde von Kaiser Sigismund, 1423)*. Also die Nazis hatten die wieder von Wien nach Nürnberg bringen lassen. Und während der Nazizeit waren die auch die ganze Zeit in der Katharinenkirche und dann im Kunstbunker. Dann, als die Amis schon vor den Toren standen, haben ein paar Nürnberger die Reichskleinodien in Metallbehälter eingeschweißt und verschwinden lassen.

Offiziell wurden die im Bunker am Palmenhof über dem Türstock eingemauert und nach einiger Zeit Beugehaft, Verhör und weniger freundlichem Zureden hat dann einer den Amis verraten, wo die Dinger sind. Das ist zumindest die offizielle Variante.

Ich habe das anders gehört. Ganz anders, wenn Sie verstehen, was ich meine. Wir hatten hier im Heim einen, der kannte sich super mit der Angelegenheit aus. Ein alter Nürnberger halt. Das war einer, der wusste vieles aus der Zeit, was sonst keiner wusste. Nämlich, dass es schon zur Nazi-Zeit Kopien der Reichskleinodien gab und die Originale immer im Kunstbunker waren.

Die Kopien waren sehr gut gemacht, mit echten Steinen besetzt und so. Vor allem aber hatten die Nachkopierer den Vorteil, dass es ja so gut wie keine Fotos der Reichskleinodien gab, sondern nur Gemälde. Und wenn Fotos, dann nur ganz schlechte. Halt schwarzweiß und so. Ein guter Kopierer hätte also die Menschen sehr leicht von seinem Werk überzeugen können. In der Katharinenkirche waren also wirklich nur die Kopien die ganze Zeit.

Das würde übrigens auch Sinn machen, weil die Kirche war selten besonders bewacht und Krone und Zepter waren schon damals sehr viel wert. Entsprechend wurden dann auch nur die Kopien in die Behälter eingeschweißt und entsprechend hat man nur das Versteck der Kopien den Amerikanern preisgegeben und gewartet, ob diese die Kopien als solche erkennen würden oder nicht.

Was soll ich Ihnen sagen: Die blöden Amis erkannten sie tatsächlich nicht oder haben es zumindest nie zugegeben. Stattdessen wurden diese Kopien an Wien übergeben, wo sie noch heute in der Hofburg ausgestellt sind. Man hat von den Kopien in der Hofburg wiederum Kopien anfertigen lassen, die ja heutzutage in Nürnberg im Rathaus gezeigt werden. Obwohl die in das Heilig-Geist-Spital gehören. Aber das nur am Rande, gell.

Die echten Reichskleinodien sind keineswegs verschwunden. Die sind, wenn ich dem Mann damals Glauben schenken darf, noch immer in Nürnberg, an einem anderen, geheimen Ort, für alle Zeit sicher. Die Amis werden die nie finden. Und das ist gut so.